东学西渐

——美国大学核心课程中的华夏经典

黄永钢　鲁曙明　著

America Encounters Classical Chinese Culture: A Pedagogy for Philosophy and Literature

Yonggang Huang & Shuming Lu

·广州·

图书在版编目（CIP）数据

东学西渐：美国大学核心课程中的华夏经典/黄永钢，鲁曙明著．—广州：中山大学出版社，2015.3

ISBN 978-7-306-05086-1

Ⅰ．①东…　Ⅱ．①黄…②鲁…　Ⅲ．①汉语—对外汉语教学—教材②中华文化—基本知识　Ⅳ．①H195.5②K203

中国版本图书馆 CIP 数据核字（2014）第 274841 号

出 版 人：徐　劲
策划编辑：周建华
责任编辑：杨文泉
封面设计：曾　斌
责任校对：钟永源　王　璞
责任技编：何雅涛
出版发行：中山大学出版社
电　　话：编辑部 020-84111996，84113349，84111997，84110779
　　　　　发行部 020-84111998，84111981，84111160
地　　址：广州市新港西路 135 号
邮　　编：510275　　传　真：020-84036565
网　　址：http://www.zsup.com.cn　　E-mail:zdcbs@mail.sysu.edu.cn
印 刷 者：广州中大印刷有限公司
规　　格：787mm×960mm　1/16　11.75 印张　228 千字
版次印次：2015 年 3 月第 1 版　2015 年 3 月第 1 次印刷
定　　价：38.00 元

作 者 介 绍

黄永钢，云南师范大学英语本科，贝勒大学美国研究硕士，纽约圣约翰大学世界现代史博士，纽约市立大学布鲁克林学院现代语言文学系教授，大纽约地区中文教师学会理事，2009—2013 年美国华人人文社会科学协会理事，《美国中文教学与研究》（*Journal of Chinese Teaching and Research in the U. S.*）主编，2006—2007 年《彼岸》杂志历史专栏作者，曾发表数十篇历史散文和学术论文，出版散文集：《美国遐思》，传记：《顾雅明传》（合著）。

鲁曙明，马里兰大学跨文化传播学博士，纽约市立大学布鲁克林学院教授、中国项目主任。出版《旅美学者看台湾：21 世纪台湾社会考察与分析》等专著，主编《西方人文社科前沿述评》大型系列丛书 30 余卷，由中国人民大学出版社出版。2005—2006 年任美国华人传播学会会长，2003—2007 年任美国华人人文社会科学协会会长，现任大纽约地区中文教师学会会长。

前　言

2009年秋季，我们在纽约市立大学布鲁克林学院（City University of New York －Brooklyn College）第一次开设了作为全校核心课程之一的中国经典文化课。纽约市立大学是美国最大的公立大学系统，有40多万学生，20多个分校，分布在纽约市五个行政区中。布鲁克林学院是市立大学重要的分校，有17000多名学生，其中硕士和博士研究生3000多名，是一所以人文学科为主的四年制综合性大学。为满足中产阶级和移民子弟的高等教育需求，布鲁克林学院成立于20世纪30年代，由美国第32任总统富兰克林·罗斯福奠基，是一所全国有名、学术地位突出的公立大学，被称为“穷人的哈佛”。布鲁克林学院也是全美最早全面开设核心课程的学校之一。现在，布鲁克林学院在纽约市立大学首先把中国经典纳入核心课程教育，介绍给美国大学生，在当今这个联系日益紧密的世界，有着十分积极的意义。

核心课程（Core Curriculum）也译为通识课程。西方的本科四年制大学，向来有注重文科知识学习的传统。设置核心课程，即要求所有专业的学生，都必须修习规定的文科课程。这就是西方高等教育的重要观念：通才教育（Liberal Arts）。核心课程长期以来一直是美国本科教育的重要组成部分，其目的是给学生提供广阔的人文和科学的背景知识，培养学生的创造性和批判性思维，使其能够清晰准确地表达思想；做出正确的道德判断；了解当代文明的背景，即历史、艺术和哲学；打好终身学习和承当社会领导责任的基础。

布鲁克林学院开设完整的核心课程已有40多年的历史，本科学生必须在文学艺术、世界历史文化和科学探索三个方面选修各种课程，其中的经典文化课一直以古希腊哲学和文学为教学内容，教材为荷马、埃斯库罗斯、阿里斯多芬、苏格拉底、柏拉图、亚里士多德等古希腊文化巨人的思想作品。其他的古代文明，比如印度和中国，从未被纳入核心课程的基础课之中。

这种以西方文明为中心的教育理念，自然有其历史、社会和政治的背景，但是明显落后于21世纪世界经济和文化全面交流的现状。增设中国经典文化课，将优秀的中国古典文化介绍给美国大学生，改变以西方思想为中心的单一教学内容，为学生提供学习其他辉煌文明的机会，开拓了学生的视野，丰富了纽约市立大学的多元文化教学，是对以西方历史为中心的观念以及课程设置的一个重要突破。

参照已有的古希腊经典文化课的教学大纲，我们设计了精读中国古代哲学和文学作品的课程（Classical Culture）。主要的学习方法是在教师指导下阅读译成英文的中国原典，通过课堂讨论、小组报告和写作，达到既定的学习目标。课程内容分为哲学和文学两大部分，从原典选出部分内容，涵盖《易经》、《诗经》、《论语》、《孟子》、《老子》、《庄子》、《楚辞》以及汉乐府、魏晋古诗、唐诗和宋词。

在教学中，我们发现美国学生基本上没有接触过中国的经典文化，有的仅仅听说过孔子的名字，缺乏对中国哲学和文学的最基本认识。但是通过认真阅读课文，思考所学内容，教师的引导和课堂讨论，学生感到困难逐步减小，学习兴趣越来越浓。经过一个学期的学习，大多数学生能够了解中国哲学和文学原典的基本精神以及古典文学的主要表现方法。不少学生从开学时对中国文化所知甚少到后来被深深吸引。通过阅读精选的中国古代思想和文学作品，美国学生大致了解了中国主要文学传统的风格特点和历史背景，绝大多数同学都能从各篇文学作品中看出儒家、道家和佛家的思想倾向，了解了以抒情为主要传统的中国古代诗歌的一些基本特点，比如《诗经》的赋、比、兴和唐诗的对偶结构。

几个学期的实践证明，这是一次富有成效的努力。迄今我们已经授课四年多，教学效果良好，受到普遍欢迎。在短短一个学期的学习中，美国学生培养起来的学习兴趣，对中国哲学思想和文学的理解和接受程度，大大超出了我们的预想。

教学过程中产生两个强烈的感受：一是中国经典中的哲思和文学具有强大的精神力量，能够穿越历史文化的隔阂，深深打动美国学生的心灵，如同中国人学习这些经典时所感受到的同样的分量，这显示中国优秀传统文化具有普世价值的内涵。二是中国文化丰富深刻的内容可以通过英语传达给不以汉语为母语的人，语言的隔阂并不能影响对中国文化的深刻理解、欣赏和热爱。

我们的教学实践显示：尽管中美两国有着历史文化的差异，但在文化和精神的深层次上，两个民族是相通的；人同此心，心同此理，思想感情是完全可以互相理解和沟通的。只要运用生动活泼的教学方法，引导学生了解文化的异同，深入思考，就会取得良好的教学效果。

这本书是我们在跨文化的语境中教授中国经典思想作品的实践总结。我们自幼受中国文化的熏陶，成年负笈海外，长期在国外学习和生活，对美国社会和西方文明进行了深入的观察和思考。在教学中，我们结合中国和西方的教育理念，采用以学生为中心，教师和学生互动的启发式现代教育方法，将东西方文化在各个层面进行比较，将优秀的古代思想和现代的先进观念相联系，极大地激发了学生的创造性和批判性思维。学生普遍反映中国经典文化课为他们开启了一道新的思想的大门，引领他们进入了一个前所未见的新天地。

在一定的意义上，这本书是一本思想对话集；是东西方文明的对话；是中国古代哲人和当代美国青年的对话；也是留美华人学者和美国大学生的对话。从每一章的“学生评论”中，读者可以切实感受到这个多维度对话的深度、广度和分量，也可以从中真实地了解到优秀的美国大学生训练有素的批判性思维能力。正是这种能力和开放的思想，使他们能够在短短一个学期之中，从几乎对中国古代文化知识的零起步，达至相当深度的了解。我们相信，作为以勤奋著称的中国学生，从美国学生的学习方法中，一定也可以获得启发，提高批判性和创造性思维的能力。

更为令人欣喜的是，从这些学生的文章中，我们看到了东西方文明在思想和感情上的深度交流，看到了中国优秀文化的伟大力量，无远弗届，中国文化被西方年轻人理解、欣赏甚至热爱。展望未来，各种文明有望通过对话学习借鉴，取得相互了解，达到文化的交融，和谐共处。

这些收获，对于我们这些中国改革开放初期出国留学的新一代学人，在西方传道授业解惑的教师，属于莫大的鼓舞和奖励。

2014 年 8 月　于纽约

Preface

This book is based on our experience of teaching, for five years as of now, the course of classical Chinese culture in the Core Curriculum at the City University of New York-Brooklyn College.

In the past several decades, the basic core curriculum of classical culture had only focused on ancient Greek philosophy and literature, requiring students to read texts by Homer, Aeschylus, Aristophanes, Socrates, Plato, Aristotle and other ancient Greek cultural giants, to the exclusion of other ancient civilizations, such as India and China. We are glad that recent addition of classical Chinese culture to the curriculum provides our students opportunities to learn about other great civilizations.

Prior to taking the course of Classical Chinese culture, most students knew little about the Chinese cultural tradition. After a semester's close reading of selected classical Chinese works with us, however, students gained a good understanding of major philosophical ideas of Confucianism, Taoism or Buddhism, and of stylistic features of Chinese literary works. The majority of students are able to recognize philosophical inclinations in classical works of China. Students report that the course has opened another window for them to look into a new world.

The chapters in this book are a just summary of what we have designed and effectively practiced to be a new methodology of teaching classical Chinese culture to American college students. First, the authors redesign the curriculum by presenting the most essential writings of the Chinese worldview at the beginning of the semester, such as the *Book of Changes* that was said to have existed during the establishment of the Zhou Dynasty in 1046 BC, rather than starting with the books by Confucius and other great thinkers (around 550 BC) as is the case with many traditional approaches for such courses. The benefit of our approach is to expose students to the very foundation and the real "roots" of the Chinese thought, which branched five hundred years later into various schools of thought during Confucius' time, starting a splendid period of vibrant intellectual flourishing.

Additional contributions of this pedagogy are our multiple heuristic approaches in teaching Chinese classical philosophy and literature, along the principle of student-centered communication in an intercultural context. For instance, in teaching Daoist thought, the instructor solicits commonly-used phrases in English from students to show the universality of dialectical Daoist thinking, such as "every coin has two sides; what goes up, comes down," to establish connections between students' existing knowledge with the unknown field.

The book should be treated as a new pedagogy for teaching the course of classical Chinese culture. Each chapter focuses on a particular topic of classical philosophy or literature of China and each is designed in three major sections of "interpretation, teaching approach and student comment." The "interpretation" part is our reading of the topic, with the "teaching approach" being the method specifically devised for teaching that part of the course content, and the "student comments" as written reports by students on the topic.

We want to add a special note here: The section of "student comments" contains a special cognitive value in this book, as these comments exhibit excellent skills of analytical thinking and comprehension of Brooklyn College students in studying a foreign culture.

Student's thoughtful writings also reveal two other important dimensions: first, the classical Chinese culture has a universal appeal; great philosophical and literary works of ancient China are able to travel beyond geographical, historical and cultural barriers, and deeply touch the minds and hearts of American college students. Second, rich and profound contents of classical Chinese culture can be conveyed to English-speaking readers, and the language barrier does not impede understanding, appreciation and love of classical Chinese culture in the West.

In a sense, this book is a cultural dialogue between Eastern and Western civilizations; a dialogue between ancient Chinese philosophers and writers with contemporary American youth. It is also thought-provoking communication between American students and Chinese scholars. Readers are to feel the depth, breadth and weight of such multi-dimensional conversation. It is genuinely rewarding to see open minded American college students, with their strong skills of critical thinking, to have gained so much from learning about ancient Chinese culture in just one semester. It is our hope that the learning outcomes of American students, as presented throughout the chapters, can also inspire Chinese students in improving their skills of critical and creative thinking.

It is even more gratifying that the final essays and papers on classical Chinese philosophy and literature by our students also serve as a testament to the fact that young people of the West can understand, appreciate and even love classical Chinese culture, if they are taught with an appropriate pedagogy. What we have been doing at CUNY-Brooklyn College gives us strong reasons to believe that communication between cultures does promote mutual understanding, empathy and harmony in this globalized world.

Yonggang Huang & Shuming Lu
August 15, 2014, New York City

目　录

第一章　经典文化课程设计思想

中国是历史悠久的东亚农业文明，由于地理上相对的封闭，形成其自成一格的文化和延续性很强的历史和社会结构。相比于其他古代文明，中国文化的一个特点是整体性强，其有关文学、哲学和政治的观念之间似乎存在密切的网状关系。这种关系，如同中国的一句成语，“纲举目张”，就像捕鱼的网，捕鱼人如果抓住了中间那根主要的绳子，就能够轻而易举地拉动整张的大网。

传统的教学重点一般开始于周朝的中后期，即春秋战国时代，对之前周朝取代商朝的转换时期，即周朝建立初期对于中国文化奠基性的重要贡献，则言之不详。我们认为，这是教学内容中的一个重大的缺失。从商朝到周朝的改变，不仅仅是政治上改朝换代，更是一个文明的转向。传统的教学内容，是一种见树不见林的教学理念，对中国文化形成期的基本特点，缺乏认识，学生无法从总体上获得对中国文化基本特点的把握。

形成这一传统教学思想的原因，一是缺乏对中国文化特点的深度认识；二是盲目以西方的文明发展的模式来解释中国文化的发展。例如 20 世纪哲学家雅斯贝斯的“轴心时代”的观念，是西方解释古代文明发展的理论范式，这个理论将各个古代文明中人类精神的突破时期，即建立了各自文明发展方向的基础时期，定在公元前 800 年到公元前 200 年期间。雅斯贝斯的理论或许可以解释古希腊的文明发展史，但并不完全适用于解释中国文明的历史；西方思想家对中国文明形成期的了解并不很深刻。周朝的建立，为中国文明确立了一个新的发展方向和模式。孔子讲的“述而不作”和“克己复礼”，说他是周文明的继承者，而不是创立者；孔子通过一生的努力使这个文明的精神发扬光大，传之久远。周朝建立的时候比“轴心时代”划定的起始期要早 200 多年，比老子和孔子的时代早出了 500 多年。

教授中国古典文化，应当从介绍更为基础性的周朝初期创立的文化制度入手，而不是如中外教授中国古代文明的传统方法，基本上是直接进入讲授先秦诸子百家。传统的方法，将学生突然曝露于异彩纷呈的各家学说之中，令其眼花缭乱，实难于把握各家思想的基本脉络。如果在学习初期，对周朝在夏商文明基础上作出的文明大转变，给予适当篇幅的介绍，就能帮助学生获得一个总体的印象，了解中国文化形成的基础架构，见树且见林，高屋建瓴，从大处看出中国文化的特点，学生就容易理解后来的发展轨迹。

周朝初期建立了中国文化的范式和基础架构。儒道两家的哲学思想基础，都来源于哲学经典《周易》。夏商周三代，文化有传承性，但是在周朝建立初期确立了重大的文化发展新方向。3000 年前的这个转变，至今仍然深刻地影响着中国文化。有学术研究指出：直到商朝晚期，中国文化还不明显地区别于其他古代文明。今天使用的“上帝”这个词就是商代常使用的观念。商朝人崇信鬼神，与其他古代文明的信仰差异不是很大。商人的“上帝”就是至上神，接近犹太人的唯一至上神的观念。周的创立者用“天”取代了商代“帝”的观念，是一个革命性的转变。

长达近 800 年的周朝为中华文明建立的是以家族血缘纽带为基础的层级封建制度，其最重要的文明特征是礼乐文化：“礼”的核心是“尊尊”，即人际尊卑关系的确定；“乐”是指“亲亲”，就是以亲情和音乐调节人际关系，使之和谐共处。周朝的政治制度是封建分封制，这并不是中国文明独有的制度，只有礼乐文化才是中国文明区别其他文明的显著特征。周朝中期出现的影响中国人 2000 多年的儒家思想，是周朝初期的统治者创立的礼乐文化的发扬。这一文化制度的主要奠基者是周武王的弟弟周公旦，最重要的传承者是孔子。孔子被称为儒家文化的集大成者，是指他系统整理和传授并发扬光大了周初建立的礼乐文化。

商朝的人拜鬼神，周朝的人信天命。“天命”内含一个全新的哲学和政治观念：“以德配天”。周人认为天有德性，人也有德性；人的行为，表达德性；统治者的道德修养极其重要，成为全民的表率和上天奖惩的根据。中国文明在周朝初期的重大转向，其意义在于赋予人的德性以极高的地位。这一文明制度，影响了以后 3000 年的中国文化，形成了华夏文明的基本特征。

一、中国思想和文学的发展

在学期开始时介绍中国文明的基本思想框架，能帮助美国学生了解中国的文化传统，我们使用了《周易》和《诗经》这两部最重要的哲学和文学经典来达成这个目标。前者提供了中国人对世界整体性的哲学认识；后者是中国文学的源头，深刻影响了中国人的审美观念和文学表达技巧。

中国古典文学形式风格多样，思想内容丰富复杂。在短短一个学期里，如何帮助学生获得对中国古典文化较为清晰的印象，一个重要的工作就是在开学的初期为学生介绍中国文化的大框架，在这个基础上面，再逐步通过精读重要的选文来了解各个时期的主要的文学风格。这样学生就能在一定程度上把握中国文化里“源”和“流”之间的关系。

如果将中国文化比作一幢巍峨的摩天大楼，要让刚接触的人建立一个初步的整体印象，最好的方法是带他们认识其基础结构。这幢大楼是建立在一个什么样的基础之上？它和其他伟大文明系统有什么明显的异同？获得了对一个文明系统基本特征的初步了解，就为后来的学习铺平了道路。

1．周文明的成就

哲学：用“天”的概念代替“帝”，从一个神化的宇宙观转变为一个半神化的宇宙观；天地人结构，阴阳观念逐步取代了神崇拜的观念；“以德配天”，将至高无上的最终力量道德化，从而给人的活动提供合理性和合法性。

历史：总结了夏商两朝的政治和社会管理经验。

政治：提出“君权天授”（天命观），德性的“天”为最高政治权力来源。

宗教：“祖先崇拜”礼制化，商朝的鬼神至上文化被周朝的创建者改变为礼乐文化，其特色为人间化、世俗化、理性化和人性化。

文学：出现了第一本诗歌总集《诗经》。

社会：奴隶制度逐渐转化为封建制度。

中国的文化底色，是在周朝正式确定的。从周公的制礼作乐到孔子的办学复礼，建立了文化的范式，以后的各朝各代，都是在一个更大的规模上来实践这个范式。中国文明的理论架构，是在周朝初创时期建立，在周朝中后期的春秋战国时期经过诸子百家发扬光大的。

夏商文明的意义在于开启，周文明在夏商的基础上总结，做出了一个大的方向转变，这个转变集中体现为：将对神的崇拜转向为世俗性的礼乐文化。周朝的文化转向，确立中国的文明特征：一个建立在血缘关系上的，具有世俗性的礼乐文化。这个文化，发端于周公，集大成于孔子，这个转变，确立了“中国特色”。

2.《诗经》：中国文学的源头

《诗经》是中国文学的源头，也是一本极好的文学教材，特别是其主体《国风》，千百年来启发和培育了中国人的文学情思。这些诗歌都来自民间，“食者歌其食，劳者歌其事”，是感情真挚、明快有力、极富感染力的文学作品，其新鲜独特的文学意象和意境，跨越历史的隔阂，感动了千百年后的中国人和外国读者。《诗经》作品的形式（字数和韵律）相比后来各个时代的诗歌，显得简洁易懂，也因此更容易被不同文化的人理解接受。

在文化的初创期，道德观念更为纯朴，《国风》里的爱情诗歌都是青年男女自然感情的表达，“青年男女相与，易表爱慕之情。”爱情是文学的永恒主题之一，是人类共有的感情。西方读者能自然地从《诗经》里为数众多的表达爱情的作品里得到美的享受和感情的宣泄。比如，《关雎》发乎情，止乎礼的爱情表达方式；《野有死麕》的自然人性流露；《桃夭》对美好的爱情和家庭生活的向往和祝福；《氓》的女性对爱情的执着和对其不幸遭遇的同情；《蒹葭》的对理想情人的不懈追求。还有《伐檀》对日常生活劳作的生动描绘，《硕鼠》对压迫阶级的控诉和对自由幸福的追求，《十月流火》对中国古代农业社会生活方式的细致描述。《诗经》中不少诗歌表达了对美好生活的向往，能帮助西方读者加深对中国古代社会生活的了解。

3.《论语》和《孟子》的意义

教授论语的时候，由于学生已经从《周易》的乾坤两个基础卦中接触了儒家思想根基，理解起来并不困难。孔子的话语句式较短，但文约意丰。教学的重点应当放在引申发挥，对比西方文化的观念和现在的社会状况，将孔子在当时社会生活中产生的言论本意显现出来。

孟子的文章思辨说理性强，需要扣紧其基本概念，展示其思想内涵的逻辑，以把握孟子的观点。一个较为有效的方法是将孟子的观点同中外其他思想家的观点进行对比，以凸显孟子的人本思想和其精神的力量。比如在《牛山濯濯》这篇散文中，孟子用在斧斤的砍伐和牛羊的啃噬下，即使是一座草木茂盛的山也会变成一座秃山，意寓不好的环境对人的道德发展产生的消极影响。

4.《老子》和《庄子》的影响

以老庄为代表的道家学派，是中国哲学思想的精髓。这个哲学的精髓是老子的阴阳化合的辩证思想和庄子的相对论。对于西方学生，老庄哲学不容易懂。老子的思想是以格言的形式，诗的语言来表达。在教授老子的时候，要联系一般的物理和日常的生活现象来解释。比如用《塞翁失马》这个中国人熟知的故事来解释祸福相依的辩证思想，用生活中的具体例子来讲授“物极必反”的道理。

庄子的特点是用优美神奇想象诡谲的散文来表达他的相对论思想。在讲授庄子的时候，应当对比其他哲学家的思想，就可以引发学生的深入思考。比如《混沌开窍》的寓言，讲万物都有其自然本性，应该允许其存在；若强求一律，就使万物失去了自性和生机。《濠梁之辨》是惠子的逻辑思辨思维方式和庄子的“天人合一”心理投射式审美两种立场的辩难，反映了两种截然不同的认识和感受世界的路径。

5.《楚辞》：多元的中国文化

对比《诗经》中感情真挚朴实，来自北方民间的诗歌，屈原宏大的诗篇想象丰富，感情浓烈，志向高远。《楚辞》浪漫主义的特色源自南方不同的神话系统和地域文化，与南方的气候、地理、历史、宗教和人文因素都有极大的关系。《楚辞》注重华丽的词汇、繁复的描述，同简洁朴实短小的北方民间诗歌大异其趣，形成了中国诗歌现实主义和浪漫主义两大文学传统。讲授《楚辞》，以屈原为主，可选取一些章节，在介绍这个中国伟大的浪漫主义文学传统的时候，也给学生讲解中国南北地域文化的丰富，让学生了解到中国传统文化的多样性。

6. 汉代和魏晋文学

这个时期是中国文学和思想发展的重要阶段。乐府诗歌和魏晋美学观念的发育成熟，以及佛教从印度的传入和普及对中国文化的发展产生了深远的影响，为后来唐宋时期的文化高峰做好了基础性的准备工作。经过数百年的吸收和融入，佛教思想和艺术形式逐渐成为中国文化中不可分割的一部分。佛教深刻的哲学和宗教思想有机地融汇于中国原有的思想架构之中。中国也为佛教提供了一个大舞台，帮助其成长为世界性的伟大宗教。佛教的传入和普及，对中国的文学造成两个直接的影响：一是对音韵的研究，深刻地影响了汉语韵文的发展，最终在中国文学的高峰时期结出了辉煌灿烂的果实——唐诗和宋词；二是佛经的翻译影响形成了白话文，建立了一个通俗的文学传统。

7. 唐诗和宋词

唐诗宋词是中国古典文学的一个重要部分。分析诗词的思想内容，学生会在其中发现儒家和道家思想的内涵。比如李白的富有道家色彩的浪漫风格和杜甫饱含儒家救世情怀的现实主义风格。文学作品多数内含作者的价值倾向，这显然是中国文学的一个比较鲜明的特色。中国的传统文人，都生活在起源于《周易》的天地人的精神架构里，浸润于儒道佛的影响中。唐诗宋词中反映出丰富的社会生活和对各种人生际遇的情感表达，是授课的重要内容。另外，结合诗和词的韵律分析，也会帮助学生进一步了解中国文字的特点。

中国的文化人，多半以儒家和道家的价值观来指导自己的生活和事业。在社会中进取的时候，多半实行的是儒家的思想；遭遇挫折，则多半以道家的自然哲学观念来安慰自己，寄情山水，寻求精神的慰藉。历代文人学士，自晋代陶渊明始，遵循的大多是这两个交替的价值模式。流传下来的文学作品，无论是诗词骈文，还是抒发心志的散文，都反映出非儒即道，或者是两者皆有的价值倾向。比如陶渊明的《桃花源记》、《归去来兮赋》，欧阳修的《醉翁亭记》。

二、教学

1. 教材

选择具有代表性的原典作为教材，让学生通过经典作品了解中国的传统价值观和审美观。

如果教材是诠释性质的文字，学生只能了解到一种第二手的看法。通过翻译直接学习原典，才能更真切地了解经典作品的思想和风格。从某种意义上讲，解释性的文字本身可能含有一定的对原典意义的歪曲。采用直接读经典作品的方法，学生可以直接进入古代中国的思想世界和文学氛围。

我们所用的教材是哥伦比亚大学出版社2000年出版的 *The Shorter Columbia Anthology of Traditional Chinese Literature*（《哥伦比亚中国古代文学作品集》）。这本书的编者维克特·迈尔是长期在宾夕法尼亚大学从事中国古典文学教学的著名教授。这本教材的特点是内容比较丰富，第二版减缩篇幅之后仍然长达960多页，不仅有大量文学作品的译文，也有部分《周易》章节的翻译，不足之处由于译文出自众西方译者之手，部分译者对原文的理解有误，造成品质参差不齐，对于教学有负面的影响。我们挑选补充一些好的译文作为课文，讲课的时候对照不同版本的译文。这给教学带来了不便，但是坏事中有好的成分，对译文误译或者译得不准确的地方进行分析，也有利于学生提高对原文的理解。教授古典文学作品，使用精读原作的方法，译文的品质是能否达到教学目标的一个重要条件。如果能有一本所选诗文具有代表性、翻译上乘的教材，对于这门课的教学一定会有很大的助益。

2. 教师作用

教师最重要的作用是辅助学生读懂中国经典作品。我们使用网络邮件将阅读要点和提示在上课之前发送给学生，上课时解答学生阅读中的疑难问题。教师的第二个作用是介绍历史背景，讲解课文疑难不清之处。如果缺乏对中国文化传统和历史的了解，很多文章和诗词的含义不是自明的，必须将历史背景和各个风格流派之间的关系加以介绍，学生才能获得比较清晰的认识。历史背景介绍应尽量简明精要，能帮助学生理解教材即可。如果过多介绍历史背景，会造成学生学习负担过重，冲淡了精读原文的努力。

3. 教学方法

学习方法是在教师指导下精读一些经典作品的节选，然后进行课堂讨论，要求学生应用文化比较的方法，对比自己学过的西方的思想和文学作品，联系自己的生活经验进行独立思考，并指出中国思想和文学的特点。口头报告、学期论文和考试要求学生联系其他文化对所读诗文进行评论(Critique)。

4. 教学过程

（1）学生课前阅读课文，查阅有关题目的资料（多半在网络上），准备口头报告。

（2）教师讲解，课堂讨论。(教师常采用问学生问题的方式讲课)

（3）全班36个学生分成12个学习小组，每组作两个口头报告：一个关于文学，另一个关于哲学。

（4）写两篇1000字的感想性文章，一篇关于文学，另一篇关于哲学。

（5）期中和期末考试。

（6）学生若想提高成绩，可作额外的研究，再写一篇简短的文章，最多增加总分约5%。

三、课程大纲（Course Syllabus）

第一周：概述——古代文明和“轴心时代”，中国的地理环境和地域文化概述

第二周：从神到天——中国人世界观的成型，《周易》的“天地人”架构

（1）帝和王：商朝（公元前17世纪到公元前11世纪初），祭祀文化。

（2）“以德配天”：周朝的建立（公元前1046—公元前256年），统治权来自天的眷顾和奖励，“天”取代了“帝”，成为中国人的最终价值观来源。

（3）“制礼作乐”（周公）为中国几千年的文化制定了基调。

第三周：早期诗歌——《诗经》和《楚辞》：北方和南方传统

第四周：集体生存的哲学——孔子的人道思想

第五周：个人存在和精神自由——道家传统

第六周：儒学传人孟子和其他思想家

第七周：汉朝的文学成就

期中考试

第八周：魏晋南北朝：分裂时期的文体和审美自觉

第九周：大乘佛教的传播和影响

第十周：田园和山水诗的兴起

第十一周：唐诗——中国诗歌的黄金时代

第十二周：宋朝的诗歌创新

第十三周：唐宋古文复兴运动

第十四周：讲故事的传统

期末考试

四、教学反映

在期末的教学评估中，一位学生对中国经典文化课有如下的评价："这门课给予我的知识极其丰富，不仅使我了解了中国精彩独特的思想和文学，我还学到赋、比、兴这样的文学表现技法。"一位同学写道："上这门课之前，除了去过纽约的中国城，读过一些报纸上有关中国的报道之外，我对中国文化一无所知，现在我爱上了中国文化，这门课的内容我们从小到大在学校里从未听说过。中国文学美妙精彩无比。我觉得我现在对中国文化有了很多的了解。"

一位同学认为《聊斋》的《蟋蟀》当属于世界级的文学作品，可惜的是在西方知道的人太少，这么优秀的作品，应当让更多的人阅读。还有一位同学在对《易经》的评论中写道："《易经》表达的中国思想中有一个重大特点，就是中国古代哲学中没有一个造物主（God）的观念。"

讨论《诗经》中为何含有大量的爱情诗歌的原因时，有的学生认为孔子挑选这些诗歌作为课本的目的是孔子认为爱情是人生的重要经验，是人性的一部分，给年轻人在这个方面提供指导，引导他们以恰当的方式表达爱情，是件重要的事情。

一位学习人类文化学的学生写道："这门中国经典文化课给我打开了另外一个世界的大门，中国古代文化的知识，很好地结合了我的人类文化学专业。"（Brian Knight　布莱恩·奈特，2009 年秋季）

有位学生这样说："以前觉得中国文化难于理解，现在知道这是古代地理隔绝造成的。刚开始读《庄子》，看不懂。第二遍阅读时理解了一些作品的意思。比如'混沌之死'讲的意思是不能自以为是，将自己对事物的评判标准强加到别人头上。这样的观念也同样是美国社会的一个重要思想。中国人的思想同其他民族的也差不多。"

一位音乐专业的女同学开学两周之后才从西部转学来布鲁克林学院修习经典文化课，却不知道这个班学的是中国经典文化。上了一堂课之后，她来找老师，说很担心她是否能在这门课获得及格。她说她对中国文化一无所知，以前没有学过任何关于中国的文化知识，对课文的内容完全摸不着头脑。我们安慰她，要她仔细读课文，多问问题。这个学生后来进步很大，她写的关于欧阳修的文章在班上得到宣读，还迷上了李清照的词和文，说李清照的诗写得实在太感人，她甚至觉得李清照的诗和文是为她而写的，说她和李清照心心相连。她以后要继续研读这位伟大的中国女文学家。这位同学再三表达了对这门课的喜爱和对老师的感谢。（艾希莉·卡雷　Ashley Carey，2009 年秋季）

为什么这位学生在短短的一个学期里，会从对中国文化一无所知变成对中国古典文学充满学习的热情？这个现象只能解释为文学的力量，伟大的中国女诗人李清照丰富敏感的心灵和优美细腻的文学表达触动了近千年之后的这位美国女青年的心灵，也许这位美国女青年个人生活中的一些经历和李清照的相仿？总之，和艺术一样，文学和思想也是无国界的。

五、学生评论

一个优雅文化的文化

托尼·扬科夫斯克　Tony Yankofske（2011 年秋季）

刚开始考虑上这门课的时候，我心里其实有很多疑问。我是一个典型的美国学生，从来没有到过北美洲以外的地方旅行；过着一般美国人的生活，不了解其他的国家不同的哲学，也没有受到任何外国文化的影响。成人以后，我开始对美国的价值观、美国生活方式的主导原则和一般美国人的信仰产生了疑问。我一直在寻找另外一个文化的影响，一个历史悠久、久经考验，证明是行得通的，而且没有被技术发展和工业化过程污染其核心思想传统的文化。到目前为止，我觉得我在对中国文化的探索中找到了。我受到了中国文化的价值系统鼓舞，其中最重要的是中国文化中异于美国文化的方面，特别是中国人的友谊观念。中国人一般总有几个为数不多、关系紧密的终生密友；朋友之间，肝胆相照，有难相帮。但是在美国，人们一般都会有一大串在生命不同阶段中出现的熟人，相互间的关系不过是一种有限的友情责任。我觉得仅这种情形就代表了中国和美国两种不同文化的差别。

有趣的课程

玛维希·阿希法　Mahwish Ashfaq（2013 年春季）

这门课是我上过的所有的课中最好懂，最富有知识含量和帮助的课程之一。我认为学生需要这门课因为它信息很多，但学起来不困难，十分感谢你们的帮助。

当我注册这门课的时候，我完全没有意识到这门课程包括中国文化，因为我被课程题目“经典”这个词误导了。我来自巴基斯坦，我对中国、中国文化和哲学一无所知。上课的第一天，我心里很不安，一直想着我怎么来学同中文有关的东西啊。我当时想这门课对我一定会很难学，课本内容一定很难懂。就像其他学生一样，我也想在每门课里拿到“A”的成绩。可是我当时脑子里完全被对这门课的怀疑占满了，于是想退出这门课。不过，开课几天之后，我注意到课本里的内容很有趣，就改变了想法，决定继续留在这个班上。上课一段时间之后，我发现中国哲学思想很有启发性，而且自然，结构清晰，容易理解。课本里好多哲学思想都以故事和寓言的形式出现，充满了奇妙的想象。这让我对中国思想更加好奇，很想知道中国这样的哲学思想会教导人们一些什么样的道德价值观。

我常常在纽约市的商店和中国餐馆里见到阴阳的符号，不过我从来不知道它是什么意思，也不知道那一半黑一半白的神秘象征代表着什么意义。从这个班上，我学到了这是一个表示平衡的象征，表达了这个世界上的善恶的平衡；阴阳是和谐与和平的显示。我了解了老子使用各种意象，比如水，来描述自然和纯洁。《愚公移山》这个故事很鼓舞人，因为它讲述了一个勤奋的老人，靠着自身的勇气和决心，达到了自己的目标。

我们还学习了道家思想，这是一种富有整体性的生活观。道家告诉我们符合自然的生活方式。我感到这种思想非常有启发性。课程中我们还学习了很多其他的哲学家的思想，比如孔子和庄子的思想，两位都是中国文化里富有传奇性的伟大人物，他们的思想在中国人的思想意识中发挥了极其重大的影响。我认为，中国的传统文化和其中的教导对我们的生活具有指导性的意义。很多中国传统思想教导人们很好的生活方式，显示了生活中各种内涵之间的变化形式的联系。

中国的哲学和文学让人宁静和愉悦

金柏莉·路易斯　Kimberly Lewis（2011 年秋季）

从这门课中我学到了很多有关中国文化的知识。我以前从来不知道中国人不是真正信仰上帝。中国人更多的是信仰自然中的事物，这种信仰被称为道家。更注重家庭生活和社会生活的人多半受到的是儒家的影响。这两种思想我都能接受。同自然和谐，人生态度随遇而安是行得通的。我以前曾经对生活中的获取过于在意，结果搞得压力太重，不堪负荷。了解了道家思想和无为的观念后，我决定在生活中试着实践这种思想，结果发现很管用。面对有些难处的事情，我采取听其自然的态度。减轻思想负担之后，心境大为宁静。人生短促，对自己无法控制的事情，就应当放手一些。相对道家，儒家对人的要求就高得多，很严格。但是，儒家要求子女尊敬父母我是赞同的。当今很多美国的子女对父母毫不尊重，这是不对的。父母对子女做的事情，数都数不清，子女应当对父母表现出最大的尊敬。

在这门课的内容中，我最喜欢的是诗歌。我喜欢诗歌是我能在读诗的时候逃离生活的烦恼。西方诗歌和中国诗歌的最大差别是中国诗里有更多的意象，还有就是中诗同歌曲紧密相连。比起西方诗歌来，我更喜欢读中国诗歌，因为中国诗中有丰富的意象和这些意象背后的意义。当我读一首中国诗的时候，诗中的意象丰富又具体，我总是可以随着这些意象进行想象。我的想象力丰富，也有艺术感受力，所以读中国诗时脑中会产生很多的想法。我最喜欢的中国诗中的任何字词都有其含义。诗人写诗所感受的、想象的，会在诗中得到真实的传达。我喜欢这种让人思索，回味诗中的含义，以及某种事物的象征意义。课文里所选的诗很能让读者产生共鸣。作者谈的都是爱情、青春、美貌和生活中的奋斗和抗争，等等，这些题目是很多人都会经历的事情。

这个学期开始的时候，老师让我们写一写为何要选这门中国经典文化课。我写了我祖母以前多次到过中国，她很喜欢中国文化，经常给我讲中国的事情。上了这门课后，我觉得更理解祖母了，虽然她已经离开人世。我现在知道了她为何喜爱中国文化。这是一个很有意思、接触了之后让人感到愉悦的文化。

美国小学生应当学习《周易》的精神

乔舒亚·凯利斯特　Joshua Calliste（2011 年秋季）

这个学期选了这门核心课程可能是我做过的最好的选择之一。开学之前，我猜想这门课可能会是一门乏味无趣的课。没想到上课一两个星期以后，我的看法迅速改变了。如果要我找出一个我“最喜欢的”题目，那我没有讲真话；实际上课堂上讨论的所有题目都以这样或者那样的方式影响了我。这门核心课程不仅给我一个学习有关中国家庭伦理的机会，还教会了我中国人不仅仅是一群只会开外卖餐馆和廉价百货店的人，他们还善于写诗歌，并且富有哲学头脑。那些著名诗人和思想家写就的诗歌将古代中国人凝聚在一起，造就了中华文明。家庭伦理，这个在今天被人遗忘的事物，正是古代中国哲人在他们的著作中阐扬的核心价值观。

中国诗歌中常见的一个主题是努力工作，奋发图强。每当晚上我不想学习也不想做任何事情的时候，我会打开课本，翻到第15页，再读一遍《周易》的乾卦。这本书，我认为属于那种极有价值的学习内容，所有的学校都应当将其编入课本，介绍到每一个儿童的教育课程中去。这门核心经典文化课给了我生活的力量，帮助我塑造成为一个更好的人，赋予我勇气在纸上和以其他的方式表达我的内心感情。我不再是一个沉默寡言、从来不愿意参与同别人交流的人了。我庆幸上了这门课，这门课引导我认识了另外一个文化，给了我一些将会影响我一生的价值观。

第二章　《周易》——中国古代文化的启示性文本

《周易》可以说是中国传统思想中最重要的一本书，其影响遍及中国文化的方方面面，在汉代始被称为儒家经典的五经之首，是中国思想文化的源头。《周易》的基本理论架构和核心观念，深刻地影响了中国人的哲学、道德和宗教，甚至一般人的思维模式。中国思想传统中最重要的儒家和道家，其思想基础都源自《周易》。我们可以形象地将《周易》比作中国传统文化的结晶和钥匙，古代各家各派的思想都可以从《周易》里找到源头。通过学习《周易》，就可以相对清楚地了解博大精深的中华文化的核心价值和观念。

从整体性的视野观察世界，分析世界，是《周易》的一大特点。用最简单的话讲，可以说以《周易》为代表的中国传统思想是以“合”的方式看待世界万物的思维模式，以古希腊文明为代表的西方则是以“分”为特征研究世界的思维模式。《周易》的基本理论框架是由天、地 、人三极组合起来的，这个思想框架来自于古老的农业生活方式的影响。天在上，地在下，人居中，人是观察者、判断者和行动者。人虽然是天地结合的产物，却是与整体不可分离的部分，其地位并不低。

朴素的阴阳辩证法观念是《周易》哲学基础概念。“一阴一阳之谓道”万物的运动变化由内部的两种基本力量推动，事物发展从两股力量的交流感应开始，从小到大，由盛而衰，生死相依。阴阳辩证观念是中国哲学对世界的伟大的思想贡献。这种二元一体，注重事物的发展过程的思维方法，同西方的主客二元分离，注重客观分析的方法，大异其趣，各有其长处。

“易”就是变化，变化的最基本含义是“生生不息”，即“生生之谓易”。《周易》的核心观念是生命，这个世界是一个充满生命变化的过程和场所。人的生命来自天地，生存发展依靠天地，自然和人之间天生一种依存的关系。人作为社会的存在，必须和谐相处，是一种相互依存共生的关系。人和人，人和自然和谐相处，达至“天人合一”，是中国哲学的最高境界。

《周易》的内容概括了中国思想传统中最关心的三个问题：天人问题，也就是人同自然的关系问题；人己问题，也就是人同他人和社会的关系问题；身心问题，也就是自身的物质存在和精神需求的问题。中国人的世界观、人生观，在3000年前的周易哲学思想中已经获得了思考的架构。比如:《周易》一书六十四个卦中，“乾卦”和“坤卦”就集中表现了这本经典核心观念，也是中国理想人格的精髓:“天行健，君子以自强不息”，“地势坤，君子以厚德载物。”

中国传统文化的理想人格是做奋发有为的“君子”，天道酬勤。中华文化5000年绵绵不绝，历经无数磨难，但仍然屹立世界，其中最深厚的精神力量，就是奋发进取，永不懈怠，富有爱心，拥有“厚德”，即无穷的进取精神和博爱的胸怀。这就是中国人千百年来所追求的理想人格。

一、中国文化的思想基础

儒家的五部经典之中，《周易》被称为群经之首和群经之源。“首”和“源”两个称号显示其思想的重要性和基础性经典的地位。《周易》的重要之处在于反映了中国人对宇宙自然和社会人生的基础性观念。中国历史久远的农业文明，形成了独特的对世界的认识和理解。《周易》提出了中国古人对自然和社会的一种整体性的认识，用常用的一句话来说，就是“天人合一，道法自然”。以后出现的各种思想流派和文学艺术创作理论，都烙上了这个观念的深深印痕。可以这样说，中国文化表现出来的同西方文化的一些重大差异，就根源于3000多年前中国文化的架构性经典《周易》里。

《周易》是一本不容易读懂的书，内容深奥难解。这是因为《周易》原是一本浓缩了上古和中古文化的卜筮之书，经历了数千年的时间才逐渐形成，直到春秋战国时期孔门学人撰写《易传》，阐释其深邃哲学内涵，才将其转换为一部反映中国人世界观的哲学经典。这本书既包含了中国传统的道德价值观、艺术审美观，也包含了中国人独特的阴阳辩证哲学，英文译名 *Book of Changes*，准确地传达了《周易》的基本内涵。

《周易》的宇宙生成观和世界上其他古老文化系统大不一样。《周易》的宇宙起源观是朴素的唯物观，不同于大多数的神创论，其思想接近现代科学的宇宙形成论，是一个从气体氤氲、混沌不清的无极到逐步分成阴阳两仪的太极，天地分化结合之后产生人，再生成万物的过程。这是一种以自然为人类社会摹本的自然生成哲学观念。[①]

在中国古人的认识里，人为天地所生；人是天地（自然）的一部分。因此，人的道德、审美、求真的标准，都来自自然；人立于天地之间，模仿天地，其行动的根据和规范来源于天和地。在自然和人本身的结构中，贯穿了阴阳两种物质和力量。“阳清为天，阴浊为地”，在世界形成的初期，轻的物质和气体上升到天上，重的物质和气体下沉到地下。人的生命形成，也是一样的过程，天赋予精“魂”，地赋予气“魄”，两者结合称为一个有思想感情有形体的人。人死之后，两者又分开。“魂气归于天，形魄归于地。”“魂者神也，阳也，气也；魄者精也，阴也，形也。”就是说，人生于自然，活于自然之中，死后又重归自然。[②]

《周易》还创立了另外一个思想：“天地人三才之道。”[③] 这个思想也是“天人合一”从另外一个角度的表述，是中国古人将自然和人看成一体的整体性认识，这种看法在世界文明中与众不同，独树一格。人同自然是一种什么样的关系？人生来的角色是什么？人应当发挥什么样的作用？天地结合才能产生人和万物。人在天地人三才之中的作用是“化成万物”，人担负着协助天地改善环境也改善自身的重要工作。“三才之道”的思想，在肯定天地有“万物资始”和“万物资生”的意义，[④]也肯定了人的主体性地位。天地生人，人成万物。[⑤] 在这样一种积极地看待世界、看待人生的思想框架中，儒家、道家和其他诸子百家的思想，以及中国古代的文学理论，逐步建立发展起来。

---

① 《周易·序卦传》。
② 《礼记·郊特性》。
③ 《周易·系辞下传》第十章。
④ 《周易·彖传》。
⑤ 李娓：《易经：传统文化与现代人生》，中国社会科学出版社 2007 年版，第 94 页。

由于年代久远和思想成分复杂，《周易》这本书的具体内容有的时候不易看懂，但是其总体思想基本架构并不难懂。这是因为任何哲学经典的基本思想都必须是简明的、纯粹的。《周易》的内容分成六十四卦，其实就是古人设想的六十四种可能的人生际遇、社会情形。其中的第一和第二卦——乾卦和坤卦，是整部《周易》的思想基础，这部重要经典的基本思想观念，就包含在这两个卦中。孔门弟子创作的《易传》（后成为《周易》的一部分，经过《易传》的哲学性阐释，原来的一部占卜之书，其内在含义得到诠释发挥，才成为一部中国文化的重要的思想经典。）中，乾卦的中心意义是“天行健，君子以自强不息”。[①] 整个卦用一条小龙成长壮大的故事来象征性地表达人应当奋发不息，不断提升自己的品格和能力，努力上进，为社会服务，度过积极进取的一生。贯穿整个奋斗过程的各个阶段是“潜龙无用，见龙在田，或跃在渊，飞龙在天，亢龙有悔”，其含义是调整自身，适应环境，从小到大，努力奋斗，由弱到强，不断提升个人在社会里的地位，充实自己的存在价值。这是《周易》揭示的中国古人的基本价值观念。从这个思想里，我们不难辨认出中国传统思想的主流价值，即儒家的基本价值：努力学习，改善自身，积极入世，服务社会。

除了人生价值观，乾卦还表达了中国人的辩证哲学：任何事物都处于变化之中，事物的发展都在走向自己的反面。“亢龙有悔”，一条龙高飞在天，功成名就；但在这事业的顶峰，就开始孕育着失败。这就是中国另外一个重要的思想传统，道家的基本哲学观念：物极必反，万事万物都在不停地运动，事物由于自身存在的矛盾，必然会走向反面。

第二卦坤卦的思想涵义集中表现在“地势坤，君子以厚德载物”[②] 这句话中。在《周易》的思想系统中，乾代表天，坤代表地。乾卦表达的是一个人要积极进取，成为有用之才的思想，主要在于个人能力的养成；坤卦表达的中心思想是个人品德修养的重要性。在集体生活中，一个人要富有爱心，宽厚待人，心胸广大。在同别人合作的时候，要小心谨慎，脚踏实地，做好自己的分内工作，为集体争光，不为自己争名争利。这些价值观念，是中国传统观念中极其重要的一部分，是儒家仁爱精神的自然

---

① 《周易·象传·大象》。

② 《周易·象传·大象》。

根据。

如同乾卦，坤卦也饱含阴阳辩证的哲学思想。第五条爻辞“龙战于野，其色玄黄”。意思是发展到最后，全都是阴性的龙；阴阳失调，失去平衡，产生冲突。这同乾卦中的“亢龙有悔”的意思相近，反映了物极必反的哲学观念。

《周易》是中国后来先秦时期百家思想的源泉。乾坤两卦含有儒家和道家以及其他思想派别的精髓。乾卦讲人应当怀抱自强不息，勇于进取的奋斗精神；坤卦赞扬厚德载物，和谐共存的仁爱胸怀。这两条都是儒家最重要的价值观念。这两卦内含的阴阳变化思想，又是道家哲学思想的精髓。学习了《周易》的基本思想，对于古代中国人如何理解宇宙自然和人类的关系，对于他们的思考方式，就会有所了解。以后学习孔子的《论语》、老子的《道德经》就不难认出《周易》的思想影子。在阅读屈原的《离骚》、陶渊明的《归去来兮辞》，或者是在欣赏李白和杜甫的诗歌的时候，也不难辨认出他们各自的思想倾向和道德情怀。

二、“象”思维模式对中国文化的影响

《周易》代表了中国人独特的“象”思维模式。“象”思维是一种通过具体的物象建立象征意义的联想思维方式，即以事物外形和特性作为分类的基本标准，属于类比联想性思维。由“象”思维引起的联想感知进而达到一定抽“象”思维程度，其形式和思路不同于形式逻辑推理的方式。

《周易》在两个方面运用了“象”思维：一是大量使用各种具体物象来表达思想，比如天上的日月星辰，地上的各种自然现象和动植物，山、泽、风、火、水、龙、虎、马、牛、花、草，等等；二是运用了极为抽象简洁的阴阳横线形成八种基本的和六十四种复合的“卦象”来表达复杂的思想。[①] 这种独特的中国式思想方法将其从古希腊的概念式逻辑思维和古希伯来的神创思维明显区别开来。“象”思维模式深深地浸入了中国文

① 《周易·系辞上传》第八章。

化的方方面面，集中表现在文学艺术领域。“象”思维接近现代所使用的形“象”思维这个概念，而形“象”思维是文学艺术的一个最重要的思想方法。卦爻辞和卦象（阴阳线组合图形）都是以象征意义来表达思想的。在中国文化中，“象”思维同时作为哲学和艺术思想的表达方式，比如阴阳这对中国哲学中最基本的概念，就来自向阳和背阴的山坡这个形象。魏晋时期的思想家王弼提出的“得意忘象”这个命题一直是传统中国文艺创作理论的基本原则。[①] 简单说来“得意忘象”就是用各种“具象”来表达思想和感情；“象”是手段，“意”是目的。比如《诗经》中揭示的基本文学表达手法：赋、比、兴，“赋”是细致地描绘刻画形象；“比”就是比喻，指明喻和暗喻；“兴”就是起兴，用一个形象建立起一个意境，引起联想和共感。这三种文学表达手法都是围绕树立形象（意象/意境）进行的，其中“兴”最具有中国文艺创作手法的特色。

孔子说：“书不尽言，言不尽意。”文学语言的特点，就在于能够借助有限的语言，进入远在言外的无限佳境。[②] 抒情是中国古典文学艺术的主要传统，中国的文学家和艺术家力图借助“象”来进入抒情的意境，以获得艺术创作和欣赏的满足感。

如果说，再现主义是古希腊文学艺术创作的重要理论（比如亚里士多德的文艺创作为“模仿”自然的理论），表现主义则是中国古代文艺创作的最重要特色。古代文艺观的“形意”说、“形神”说、“意境”说，等等，都含有王弼的“得意忘象”这个基本命题的思维成分。[③]后世有关古代中国文艺理论的讨论，多半离不开这个基本的命题。如果深入探讨中国人的思维方式，就会发现“象”思维的模式浸透了中国文化的各个方面，从阳春白雪的艺术经典到下里巴人的日常生活，中国文化无处不表现出“象”思维的特点。

《周易》代表了中国“象”思维思考方式的传统。《易传》中说伏羲创制八卦是用“仰则观象于天，俯则观象于地，近取诸身，远取诸物”观察体会揣摩推想的方法。这就说明中国的思维方式在文明初期就走了一条大不同于古希腊的力求真实的概念思维方式的道路。中国的思维方式注

---

① 王弼：《周易略例》，楼宇烈校释，中华书局 1980 年版，第 609 – 612 页。

② 李娓：《易经：传统文化与现代人生》，中国社会科学出版社 2007 年版，第 317 页。

③ 黄黎星：《易学与中国传统文艺观》，上海三联书店 2008 年版，第 215 页。

意事物的特征，以特征进行连类推想。“象”思特点就是联想性、象征性和隐喻性（Symbolical or Metaphorical）。黑格尔指出：“象征一般是直接呈现于感性观照的一种现成的外在事物，对这种外在事物并不直接就它本身来看，而是就它所暗示的一种较普遍的意义来看。”[①] 同黑格尔最接近的中国人对象征的定义是宋朝的罗愿，他在《尔雅翼》是这样定义象征的：“形著于此，而义表于彼。”

中国最早的文字甲骨文，是用来记载商朝的占卜经验的。如同古巴比伦和古埃及文字，甲骨文同样起源于象形文字，但是将三种文字的象形字放在一起进行比较，前两者的特点是笔画繁多，书写者似乎在力图描摹物体的原来形状，力求真实；甲骨文的象形特点却是笔画简洁，寥寥数笔，有传神之感。这是一种通过艺术家主体对客观物体进行观察，再以主观的感受进行艺术的简化提炼的过程。[②] 这个对比似乎可以解释中国在其创立文字之初，距今4000多年前就形成了一种“表现主义”的、以自我感觉认知为主的认识路线，是一种“心营造的图像”，而西方文明的始祖文字、巴比伦和埃及的象形文字，则走的是一条“再现主义”的，力图模仿客观事物的真实主义路线。换句话说，从各自文化形成的最初时期，中西文化的基本倾向性和基本个性就确定了。西方文字由象形起点转换为古希腊拼音文字；中国文字由象形起点继续发展，经过重大的变形，发展为庞大精细的书写符号，但其中仍保留巨大的“象”思维的痕迹。

无论是中国思想的载体、文字（最初的象形文字和后来文字中象形的残留导致的象的联想）和以《周易》开创的思维模式，都是以“象”思维为特征的。如果按照中国的文字出自八卦符号，那就是八卦和文字同源说，两者本来就源自一体。

“基于农耕文明的隐喻性或象征性的语言，在汉语中异常活跃，营造了丰富的象征意向。”[③] “象征思维，是中国传统文化的一大特点。”“《周易》是以庞大的象征体系作为自己的表现形态的，它延续了中国古代神话的象征思维形式，同时注入了自觉的理性内涵，……对中国传统思维规

---

① 黑格尔：《美学（第二卷）》，朱光潜译，商务印书馆1979年版，第10页。

② Chiang Yee: Chinese Calligraphy, An Introduction to Its Aesthetic and Technique, Cambridge: Harvard University Press, Third Edition, 1973, pp. 36－37.

③ 蒋凡、李笑野：《天人之思》，四川人民出版社2007年版，第4页。

范给予了经典意义的奠基。”[1] 这种思维方法同古希腊哲人的伟大贡献，对概念进行严格定义的形式逻辑的思维方法大异其趣。古希腊的分析方法，是将复杂的现象简单化，其特点是概念必须严谨、准确、不变。如果不能满足这些条件，就无法进行有效的判断和推理。概念的同一性是指同一上下文中，同一语词或语句应当表述同一思想。可以看出，形式逻辑的思维模式是理性的、概念式的、线形的、实体的思维方式。这样的思维方式适合更加科学的研究。

《周易》的“象”思维模式是“以类相推，触类旁通”。[2] 其特点是抓住事物的外部特征和内涵的效用特点，然后进行归类。这是一种建立在形“象”思维模式上的思维方式，它是直观的、感悟性的、连类的、发散的思维方式。这样的思维方式更接近艺术的思维方式。下面是《八卦》的卦象代表和经过推演之后得到的概念和动物的联系，从这个联想过程中可以看出《周易》甚至中国文化中“象”思维的基本模式。

建立在自然现象之上的八卦卦象：	天、	地、	雷、	风、	水、	火、	山、	泽
	↓	↓	↓	↓	↓	↓	↓	↓
这些现象的特征被总结引申为一些概念：	健、	顺、	震、	入、	陷、	丽、	止、	悦
	↓	↓	↓	↓	↓	↓	↓	↓
这些特征性的概念再同家畜动物相联系：	马、	牛、	龙、	鸡、	豕、	雉、	狗、	羊

中国古人首先是通过仰观俯察大自然，找出最显著的自然现象，然后以类相推，概括其特征和内涵：天体运行不止，所以生生不息，是强健；大地默默承载一切，是包容、原谅、顺从；雷声震动大地；风无孔不入；水流向低地；火光亮丽耀眼；大山岿然不动；湖泊水光潋滟，见者心旷神怡。第三步，将这些特征再推进延展到动物身上去：马善奔走，牛任劳怨，龙飞撼动大地，鸡鸣传遍四方，猪在地上拱刨食物，野鸡羽毛光彩亮丽，狗忠实不变，羊温顺可爱。

通过这样的联想推论，触类旁通，古人从自然现象中总结出一些最具有典型概括意义的“象”，从这些自然之“象”中悟出特定的意义，再检验运用这些概括总结抽象出来的意义（特征/特质/性质）。他们发现熟悉

---

① 蒋凡、李笑野：《天人之思》，四川人民出版社 2007 年版，第 3 页。

② 张乾元：《象外之意：周易意象学与中国书画美学》，中国书店 2006 年版，第 6 页。

的动物家畜身上就有这些特征和特质。这就将他们发现的普遍原理同具体的生活现象联系起来了。这是一个天上到地下，宏观到微观的联系。不过这个推演过程并没有到这里结束，而是可以不断地进行下去，将万事万物囊括其中。这样，运用以类相推的方法，中国人建立了自己的认识论，建立了一个独立于其他古老文明的世界观，建立了一个可以自圆其说的"天地人三才之道"或者称为"天人合一"的无所不包的大系统。这就是为什么人们常常感到中国传统文化与众不同，是一个整体性很强的一种文化。这个整体性的文化系统，处处闪亮着"象"思维的光芒。

可以看出，《周易》卦象的这种概括事物特征和内部效用的思维方法同古希腊形式逻辑的线性的思维方式是截然不同的思维模式，《周易》的是一种散点的、面的思维，可以不断推开延展，将万千事物归类，形成一种整体性的系统架构，其基础核心概念为阴阳，也就是"道"。这种思维方法是农业文明的思维结晶。有人可以问这样的思维形式是否有其原始性。是的，这样的思维是有其原始性的成分，如同很多个大洲的原住民都有类似的思维模式，一种同自然环境有着深层联系的思维方法。不过，中国的思维模式是自然模拟的基础上的高度概括和抽象，阴阳这对来自自然现象的概念，就是高度的哲学概括和抽象，用"— —、——"这两个高度简洁、高度抽象的符号来表示，达到了哲学思维的一个顶点。

《周易》里众多的"象"是古代中国人"观物取象"的成果。古人对自然和社会生活、天文地理、动物植物，事无巨细地观察，苦心地揣摩，然后进行模拟抽象，才有了《周易》之"象"。这些"象"是"独具人生意蕴的哲学思想体系的'人心营构之象'。有了这庞大的'人心营构之象'的象征体系，也便有了意蕴无穷的《易》"。[1]

王弼说："触类可为其象，合义可为其征。"[2]象征思维，是中国传统文化的一大特点，象征的领域涉及语言、风俗、宗教信仰、婚丧娶嫁、服装衣饰、文学艺术、神话传说、数字颜色、礼俗仪式、人、物和地方的命名、建筑、园林设计及节日等各个社会心理领域，无处不在。[3]

---

① 蒋凡、李笑野：《天人之思》，四川人民出版社2007年版，第92页。

② 王弼：《周易略例·明象》，楼宇烈校释，中华书局1980年版。

③ 蒋凡、李笑野：《天人之思》，四川人民出版社2007年版，第3页。

三、古典诗词中的丰富意象

中国的诗歌，是中国文学最重要的一个体裁。其中以意象表达意境的例子，可以说俯拾皆是。中国的古诗处处浸润在意象之中，几乎每首诗中都有大量的意象组合。这一特点与古老的“象”思维模式有着密切的关系。甚至诗歌的书面语言形式、中国的文字，也处处体现了“象”思维的模式。请看一些典型的例子，如王维的《使至塞上》：“大漠孤烟直，长河落日圆。”柳宗元的《江雪》：“千山鸟飞绝，万径人踪灭。孤舟蓑笠翁，独钓寒江雪。”马致远的《天净沙·秋思》：“枯藤老树昏鸦，小桥流水人家，古道西风瘦马。夕阳西下，断肠人在天涯。”中国诗歌以意象主导，意象贯串全诗，犹如一幅幅生动的图画，诗中有画，画中有诗，情景交融，物与神游。下面从植物、动物和自然现象三个方面举出一些中国人熟知的古诗中的意象：

植物：

松柏：坚强　生命力

明月松间照，清泉石上流。　　王维

竹：气节　积极向上

可使食无肉，不可居无竹。　　苏轼

梅：逆境中不屈不挠

疏影横斜水清浅，暗香浮动月黄昏。　　林逋

菊：隐逸　高洁　脱俗

采菊东篱下，悠然见南山。　　陶渊明

兰：高洁　优雅

秋兰兮青青，绿叶兮紫茎。　　屈原

牡丹：富贵　美好

惟有牡丹真国色，花开时节动京城。　　刘禹锡

草：生生不息　希望

野火烧不尽，春风吹又生。　　白居易

花开：希望　青春

我家洗砚池边树，朵朵花开淡墨痕。　　王冕

花落：凋零　失意　对美好事物的留恋

无可奈何花落去，似曾相识燕归来。　　晏殊

黄叶：凋零　惆怅

黄叶覆溪桥，荒村唯古木。　　柳宗元

梧桐：凄苦

梧桐更兼细雨，到黄昏，点点滴滴。　　李清照

柳：送别　春天的美好

碧玉妆成一树高，万条垂下绿丝绦。　　贺知章

动物：

鱼：自由　惬意

西塞山前白鹭飞，桃花流水鳜鱼肥。　　张志和

鸿鹄：理想　追求

愿为双鸿鹄，奋翅起高飞。　　《古诗十九首》

沙鸥：飘零　伤感

飘飘何所似？天地一沙鸥。　　杜甫

黄鹂：春天　欢快

两个黄鹂鸣翠柳，一行白鹭上青天。　　杜甫

鸡：田园生活

鸡声茅店月，人迹板桥霜。　　温庭筠

马：追求

老骥伏枥，志在千里。烈士暮年，壮心不已。　　曹操

雁：孤独　思乡

塞下秋来风景异，衡阳雁去无留意。　　范仲淹

鹰：刚劲　自由　人生的搏击

凄风淅沥飞严霜，苍鹰上击翻曙光。　　柳宗元

自然现象：

夕阳：失落　短暂的人生

夕阳无限好，只是近黄昏。　　李商隐

暴雨：残酷　热情　扫荡恶势力的力量

黑云翻墨未遮山，白雨跳珠乱入船。　　苏轼

东风：春天　美好

等闲识得东风面，万紫千红总是春。　　朱熹

细雨：生机　活力

春潮带雨晚来急，野渡无人舟自横。　　韦应物

星/月　感怀　志向

星垂平野阔，月涌大江流。　　杜甫

西风：落寞　惆怅

昨夜西风凋碧树，独上高楼，望尽天涯路。　　晏殊

狂风：作乱　摧毁旧世界的力量

狂风落尽深红色，绿叶成荫子满枝。　　杜牧

江水：美好风景

日出江花红胜火，春来江水绿如蓝。　　白居易

中国最古老的文学传统以诗歌为主。中国的诗歌，其特点又是以富有意象的抒情传统为主，作者运用表达丰富意象的词语，创造出自得其乐的境界；读者通过这些意象，再次进入体验类似的境界，乐此不疲。这就是千百年来中国诗歌受到后世热爱，生命力绵延不绝的主要原因。

四、骈偶和谐韵：文学修辞风格的奠基

《周易》成书历史久远，春秋战国时期加入的《易传》，被称为“千古文章之祖”。这个称号的含义主要是指这些文章以谐韵和对偶的文辞写成。谐韵和对偶这两个文学修辞形式在中国文学长河里占据着极其重要的位置，但是其起源于《易传》这一点却被大多数学者忽略了。孔子和他的学生编著的《易传》（也称为《十翼》），使用谐韵文辞和对偶句式来表达思想，这种语言风格对中国后世的韵、骈、赋、诗、词、曲各种文学体裁产生了无比深远的影响。

多数中国人从《论语》这部著作感受到孔子简洁朴实的语言特色，但大多不知道《易传》却代表了孔子及其学生们的另外一种极其讲究谐韵对仗的文章风格。《易传》的十篇文章，其文学风格有三个特点：一是

主要以各种形式的骈偶句形式写成；二是运用大量与语义连绵的排比句；三是有不少谐韵句式，有的是整篇韵文，增加了文辞的节奏感。这种注重文辞的音韵美和对仗的形式美为后来的汉赋、骈文和诗词戏曲确立了一个源远流长、极具特色的传统。从民间的对联用字，到唐诗的对偶句式和宋词元曲的音韵协和；从大众文化到高雅的文学形式，无不深受其熏染。音韵协和与词句对偶成为中国文学的一个最为显著的文学语言特色。

《易传》中的十篇文章，除了精神博大的哲学运思、精练至简的文字，还有它的形式美，即声调、节奏和字与字、短语与短语、句子与句子的协和对仗之美。下面仅举出《易传》中《系词传》部分协韵对偶例子：

显诸仁，藏诸用。（三言单句骈偶）
神以知来，知以藏往。（四言单句骈偶）
同归而殊途，一致而百虑。（五言单句骈偶）
富有之谓大业，日新之为盛德。（六言单句骈偶）
善不积不足以成名，恶不积不足以灭身。（八言单句骈偶）
唯深也，故能统天下之志；唯几也，故能成天下之务。
（十言双句骈偶）
易有太极，是生两仪。两仪生四象，四象生八卦。
八卦定吉凶，吉凶生大业。（顶真排比）[①]

《系词传》纯熟运用骈偶、排比、谐韵等修辞手法，富有艺术感染力，言之有文，行而必远。可以看出先秦时期中国的韵文已经发展到相当成熟的阶段，由于《周易》的高贵的经典地位，这种发达的修辞手法开了后世韵文和对偶句式的先河，对中国的文学样式确立注重音韵对称、句式对偶的范式。楚辞、汉赋和魏晋的骈文就是其较近的继承者。也为后来“文”和“笔”的分野打下了基础。刘勰在《文心雕龙》中写道：“今之常言，有文有笔，以为无韵者笔也，有韵者文也。”

为何中国古代的语言表达特别注重音韵协和字词句式对偶的形式，一个重要的因素可能同《周易》揭示的阴阳为道的核心观念有关。这又从语言结构层面回到了这样一个认识：《周易》是中国文化的基础结构性经

---

① 张善文：《周易与文学》，福建教育出版社1997年版，第190－202页。

典，它既形成了中国人认识世界的哲学，也创立了表达思想感情的文学形式。

五、简朴：一个重要的文学传统

除了骈偶和谐韵的修辞之外，《周易》还建立了另外一个重要的中国文学传统："简朴原则。"简朴原则就是在使用语言文字时以简驭繁的意思；以数量不多的文字表达丰富的思想感情，也就是人们常说的"文约意丰"。《论语》就是简朴原则最忠实的体现。上文提到《易传》开创了谐韵和对偶的传统。孔子说："言而无文，行之不远。"[①] 文章言辞要经过修饰，要富有文采。这是指谐音和对偶的重要性。孔子不愧为中国最伟大的教师，他同时树立了中国两大影响最为深远的语言文学原则。孔子说过另外一句话，"辞达而已"[②]，表达了语言应当遵行简朴准确的原则。一是谐韵对偶，注重声音和文辞的形式美；二是语言洗练深刻的简朴原则。这一简朴原则，来自于《周易·系辞上传》的思想"乾以易知，坤以简能；易则易知，简则易从"。

孔子似乎在这里给我们留下了一个解释的难题，就是他关于修辞的看法。看来孔子的很多思想，都具有多面性，能够从多个方面进行解释，有的解释甚至是相互矛盾的。

"辞达而已矣。"意思是说只要将话说清楚明白就行了。"言之无文，行而不远"就是说如果说话作文没有文采，不加于修饰，就不会传扬开去，就无多大效果。

"简朴原则"和注重修辞似乎是矛盾的两个不同方向的倾向，实际上孔子并不是持两可之论。孔子当然认为两者都很重要：内容和形式应当统一，达到"文质彬彬"平衡"文"和"质"的中和状态。尽管如此，这里并不是一个折中调和，这里仍然有个主次的问题。

---

① 《左传·襄公二十五年》。
② 《论语·卫灵公》。

简朴原则这个思想来自《易传》里的“修辞立其诚”这句话里。[①] 孔子讲的诚，就是真心、真话，就是诚实不欺，这是儒家最重要的价值观。即使非常注重形式美的易传文章，全都以协韵对偶的形式写成，但表达的思想却是很严谨的，没有一句赘语，全都很精当，这里遵行的还是简朴原则。后面的“诚”是前面的“修辞”的基础，是“本”，修辞必须以“诚”为基础和本体。

正如一位研究者的看法：“作为道德品质内核的‘诚’是内在的，‘辞’是外在的，‘诚’是第一位的，‘辞’是第二位的，‘诚’是主导，‘辞’以‘诚’存，‘立诚’之‘辞’更有价值和魅力。‘诚’是‘修辞’的前提和基础，‘修辞’必须从‘诚’出发，服从并服务于‘诚’，不能妄加修饰。‘修辞立其诚’是指在‘诚’的基础上的话语修饰，它涵盖了孔子对言语表达的认识和态度，体现了他言简意丰的话语风格。”[②]

这两个文学传统在中国文学艺术史中交替扮演语言文学的主导风格，在不同的时期，各自发挥了重要的影响，比如汉赋和魏晋时期的骈文、唐宋的诗词律赋，都以谐韵和对偶为主。当这个传统过度发展之后，文章诗词语言过分雕琢，流于形式的空泛华丽而失去了内容的深刻，出现了另外一个文学传统的反弹，即“唐宋八大家”领导的古文运动。[③] 古文运动旨在恢复文学中的简朴原则。这个思想非常近似黑格尔指出的“简单而又美的理想”。[④] 可以说谐韵对偶和简朴原则这两个倾向贯串了中国文学的历史，构成中国文学的两大语言风格传统。这两者都起源于《周易》，这再一次显示了《周易》这本经典的原创性、结构性意义。

学习中国古典文学这样一个源远流长、博大精深的文学传统，文化隔阂造成理解障碍。如果不了解中国文化的一些最核心的基本价值观念和思维的方法，就很难深刻了解和欣赏其经典文学作品，造成事倍功半的结果。《周易》确立了中国人的宇宙观、社会价值观和文学艺术审美观。抓住事物特征的物象联想的思维方法，通过象的暗示进入意象的境界，是中国文学的基本艺术手法。中国是一个诗歌的国度，文章诗词注重音韵和谐之美，对偶文辞和句式的形式之美的深厚传统，建立在汉字的单音节多声

---

① 《易传·文言传》。

② 丁秀菊：《修辞立其诚的语义学诠释》，《周易研究》2007 年第 1 期。

③ 《苏轼文集·六一居士集序》卷首，中华书局 1986 年版。

④ 黑格尔：《美学（第三卷）》，朱光潜译，商务印书馆 1981 年版，第 5 页。

调的基础之上，发端于《周易·易传》。中国的文学又讲究言简意赅、文约意丰，以简洁的文字表达深刻的含义、浓烈的感情。可以不夸张地说，《周易》深刻影响中国文学和思想发展这些最重要的传统，无论是宇宙自然观和社会理想价值：自强不息的人生观、对自然和他人的仁爱精神、悲悯情怀，还是文学艺术的审美标准：追求文字声音和形式的美、注重文学创作的抒情传统中美的意象和意境、使用语言表情达意注重简洁有力却意味深长，都源自于《周易》。在中国古典文学的教学中，对《周易》这本经典中的经典，应该给予更多的重视。

六、《周易》与中国古典文化教学

西方人学习中国古典文学，直接阅读代表性作品（译文），是一个很有效的方法。相比学习介绍性的文学史，学生的收获要大得多。但由于西方文化同中国文化差异较大，存在着很多理解上的障碍。如果能在学习的初期，教师通过讲解最具基础性思想的经典，帮助学生从整体架构上把握中国文化的世界观和思想方法，对中国思想和文学作品的理解程度就会明显提高。本文从《周易》确立的中国文化基础性价值观、中国文学中谐韵和对偶文体的传统、“象”思维模式和简朴原则对文艺创作的影响等四个方面，介绍《周易》这本重要经典在教授古典文学中的思想和文学价值。

一般美国大学开设的中国经典文化课，都在学期开始的时候介绍中国文化形成的地理环境和语言文字的出现这些重要的文化因素，但是极少安排时间学习《周易》这本表达了古代中国人的世界观的经典。这无疑是一个很大的缺失。我们根据自己的设想，重新设计了课程，将学习《周易》的基本思想放在课程的开端。

教学实践证明，从《周易》入手进行教学，给学生提供了中国人对世界整体性的哲学认识，反映了中国人认识世界的角度和方式。这个课程设计是一次成功的尝试，美国学生对中国思想和文学的理解和接受程度明显超出了我们的预想。

学习了《周易》的基本思想观念，再学习儒家和道家思想，学生就比较容易理解。一个学生总结道：“中国的思想和文学，刚开始接触时，有一种凌乱无头绪的感觉，但是随着阅读的深入，感到中国的思想和文学内在有着很强的系统性和整体感，在获得早期重要思想的基本了解后，在以后的阅读中，越到后来越感到容易理解，在很多作品中都有似曾相识的感觉，容易把握住思想内容和感情表达的主线。”

七、学生评论

天、地、人

提摩西·波恩 Timothy Beirne（2012年春季）

中国早期文化中有不少成分让我感到神往：文学、道家对女性的态度、对礼节的强调……但是每次我坐下认真思考的时候，我仍然会回到《易经》的“天、地、人”的宇宙观念架构中。可能我的西方背景使我难于消化如此一个富有逻辑性、责任感，早于西方哲学数千年的美丽的思想系统。也许我过分估计了这个认识世界的框架对现代中国思想的影响。

多数西方的哲学和宗教传统中也有些方面指示众人尊重人与自然的一种依存关系。但是，只有在《易经》中对人在这种关系的位置强调得最多。

在影响西方大部分文化的犹太－基督教传统中，上帝，这个有时候有爱心的最高存在，创造了地球让人居住。下面从《圣经》“创世纪”中节选的片断显示了中国传统和基督教传统的差异。

上帝赐福他们然后对他们说：“多多生产和增殖，让你们的后代布满大地然后制服大地，控制大海里的鱼、天上的飞鸟，还有地上活动的每一个生物。”

然后上帝说：“我给你大地上所有的含有种子的植物还有所有的富有种子的果树。这些果实就是你的食物。”

上帝又对所有地上的野兽和天上的飞鸟，地上所有会动的生物，所有有生命之息的生物说：“我把所有绿色的植物给你们当食物。”事情就这样定下来了。

“制服大地。”这就是我们（西方人）的宇宙宿命。利用和消费所有的植物，掌握控制所有的生物，多生人口直到我们的数量控制了整个地球。探寻地下有毒的气体和液体储藏，然后为了我们的方便燃烧这些气体和液体。制造能分裂原子的机器，然后以这种力量在瞬间制服别的国家，让他们臣服于我们的意志。西方文化中有一种想当然的自以为是世界主人的意识，这种思想同天地为阴阳的思想系统完全不是一回事。

在《易经》里，上帝被天所替代。中国古人并不将所有的创造归于一个人形的单一创造者，《易经》的作者们将天和地看作一种永久性的存在。天覆盖大地，两者相结合，创生了所有的生命和物体，包括人类。人是天和地的孩子。作为天地的孩子，人类有责任来协助父母，阻止任何对父母的伤害。这样的关系就是我们应当永远接近自然，永远从心底里尊敬大地，如同我们崇敬苍天一般。

在西方的传统里，人和自然的排位有些不一样。西方人常常讲天（上帝）在先，人跟其后，再后面是大地。我说人们“常常讲”因为在多数情况下人们实际上将前两者的次序反转过来：人第一，上帝第二。在任何情况下，大地都被排在最后。

我发现这样的排序是一个短视的和毁灭性的认识，只要想一想我们对地球的知识少得多么可怜，想一想我们对长期控制地球的害处了解得多么少，这样的观念令人不寒而栗！我认为学习更多的东方哲学能够帮助我们懂得生活，帮助我们克服对石油，对天然气，对现代工业，对现代文明和毁灭森林的迷思。

天、地、人和星象学

麦丽萨·瓦斯库卡斯　Melissa Vasikauskas（2013 年春季）

我曾经学过一门中国历史课，但是在学习现在这门课之前我从来没有对古代中国的思想和哲学感到有什么个人化的联系。这门课很有意思，由一位来自中国的教授以他第一手的经验来教学，让人感到学习古代中国文化就不那么抽象和枯燥了。在这门课中有一个道家的“天、地、人”的思想特别让我印象深刻。我喜欢在闲暇的时候学习有关星象的知识。星象学是我相信的学问，几乎每天我都要思考这方面的问题。尽管星象学与“天、地、人”思想有很多不同的地方，但两个思想系统之间还是能看出存在着很多相似之处的。

根据道家思想，“天”代表天空和各个天体；“人”就是生活在地上的人类；而“地”就是指大地。《道德经》里讲：人法地，地法天，天法道。虽然这三个方面每一方面有着独特的定义和描述，在我看来正是这三者的结合创造了我们生存的经验。如果从整个情形来看，我觉得人不过是自然的一部分而已。天、地、人，三个部分没有哪一个来得比其他的部分更重要。而只有三者汇集在一起才提供滋养，表现了我们的存在和经验。

我喜欢道家这个宇宙观因为它让我感到我属于自然。不像其他的宗教，比如基督教，我得遵循某一套规则和戒命才能进入天堂。道家思想使我感到好像我已经属于天堂了。

星象学讲有些行星和恒星会对我们的生活产生影响。在人出生的时候，太阳、月亮和星星就会相互作用，进行某种调整。这些天体的调整和它们之间的关系会产生一些能量，这些能量能够引导我们的生活。比如：一个生在阳历中的人，太阳的位置就在他的主房之中。这就是说：太阳的种种质量——热情、发育生命、勇敢和积极主动，等等，将会主导那些生在八月中的人的性格。我认为星象学的这个思想可以同道家思想相比较，因为道家遵从同样的思想：生活在大地之上的人也是天上星星的一部分。星象学让我感到同道家的宇宙论一样，那就是我们人类就如同一个个活的载体，身上充满天地相会和结合之后产生的各种能量。

星象学和道家思想的相似之处让我猜想是否道家哲学如同一个古代的思想模块，西方的星象学是在其中汲取了主要的思想架构而发展起来的。如同生活在古代中国的人相信道家的世界观，我也研究星象学，接受它的思想认识架构：天上的星星引导着我的生活。我真的相信人类在生理和精神上都同宇宙相通。从科学的角度看，人类是由构成恒星、行星的分子所构成，是真的。但是，构成我们身体的分子和原子也来自于星星和其他的天体，这也是真的。在我们离开这个世界的时候，我们并没有消失，我们身上的分子会回到宇宙中去。由于我们的分子始终存在于宇宙之中，那么我们总会存在下去。从精神方面说，我们之间总是联系在一起的。我认为，保持这个认识对于我们在地球上生活的每一天是很重要的。分析让我们发现古代中国的道家哲学与现代星象学的原理如此接近和相通，真是十分有趣。

第三章 《诗经》和汉诗英译

《诗经》是儒家经典之一。中国的文学传统里，诗歌是最重要的文学体裁。中国的诗歌传统极其发达，可以说自古以来就是一个“诗国”。中国文化，无论是精英文化还是大众文化，都和诗有着密不可分的联系。创作诗歌的能力在古代是一个人的文化修养的标志。

“兴于诗，立于礼，成于乐。”孔子认为，一个人的教育应该始于“诗教”，就是幼儿教育应当发端于诵读诗歌。他还认为，受过教育的人如果没有经过诗歌的熏陶，就说不出受过教育的人会说的话，就难以表达细致丰富的思想感情。从这些评价中可见孔子对《诗经》的重视。

给学生介绍诗歌在中国文化中的重要地位，应该结合中文的特点来帮助学生认识为什么中国人特别喜欢诗歌这个文体。历史上各个时代的文人都投入了巨大的时间和精力来创作诗歌。如果从语言的角度探讨，中国人对诗歌的强烈爱好可能和汉语言文字的特点有关。中文是单音节字多声调语言，书面语是一字一音。这种一个音节一个字的语言是各种语言早期的形式，后来的发展使世界上绝大多数语言走上了多音节的路径，只有中文保持了这一特点。这个基本特点决定了中文的另外一个特点：多声调，即使用多声调的方式来表达思想。

因为汉字单音节的特点，造成口语表达中出现极高频率的重音现象。据说，人的发音器官能发出400多个音节，这个数量难以满足语言沟通的基本需要。随着社会生活的复杂化，需要表达的思想也越来越多，越来越细致复杂，中文自然而然地采用了在每个音节上增加声调的办法来辨识意义，解决高频率重音的问题。世界上为数众多的语言，采用主要以声调的方式来表达意义差别的语言极少。汉语的声调特点可能是为克服单音节字这一局限在使用中产生的自然的发明。虽然多声调大大增加了表达的手段，但还是不敷使用，中文里仍然出现大量的同音不同字的现象。现代汉语中大量使用双音节和多音节词丰富了汉语的表达手段，也减少了重音字难以辨识的困扰。

一字一音节的特点使汉语具有一种视觉上的整齐美，每个方块字发声为一个音节，字的形式和音的形式可以一一对应起来，出现一种整齐的形式美感，无论从视觉上和听觉上都可以获得一种一字一顿的节奏感。汉语的多声调则增加了声音的层次感，一般称为抑扬顿挫。汉语的声调，具有音乐性质：一声是高平调，二声是平调，三声是降升调，四声是降调。音乐旋律的主要决定因素是高低音的结合。多声调语言本身就是富有音乐感的语言，这种语言的语音结构就是高低声音的一定搭配安排。因此，汉语为诗歌提供了两个重要的形式因素：整齐有序和富有音乐性。这可能是中国人喜爱用诗歌这个文学体裁来表达思想感情的两个重要的原因。

即使是一般使用的语言，也由于受到了诗歌的注重音调和整齐的影响，也一样注重声调的配合和形式的对称。中国人喜爱朗朗上口、抑扬顿挫的语言形式，无论是通俗的民谣还是高雅的韵文，自古以来就很注重声音的和谐之美。整齐美和音韵美无疑是诗歌的两个根本性的形式美，比起其他语言来，汉语无疑在这两个方面都具有天然的优势。

从以上对汉语语音特点的分析可以得出一个观点：中国古人会自然地倾向于使用诗歌来作为表达思想感情的文学形式，从而也使诗歌这一文学体裁在很早的时候就获得了充分的发展。

儒家的集大成者孔子是中国第一个开启民办学校的教育家，他把《诗经》定为基本教材，可能有这么几个原因：一是韵文容易上口，富有音乐感的语言读起来感觉舒服；二是富有音乐性，容易记忆；三是整齐对称的形式，也帮助记忆。

从内容上看，《诗经》中的主体“风”属于民间创作，富有生活气息和质朴真实的思想感情。孔子可能认为这样的诗歌表达的思想感情是真实的，发自内心的，符合人性的，也是健康的，这样的文字富有直接的感染力。

用这样形式简明易懂、感情真挚朴实的诗歌来作为教材，年轻人会从真实而美好的文学中获得潜移默化的影响，培养出健康的思想感情，成为感情丰富、文雅有教养的人。

《诗经》奠定了中国诗歌以抒情传统为主的风格，也确立了一些艺术表现的基本技巧，集中在“赋”、“比”、“兴”这三个基本的修辞手法里。在两千多年前，中国古人对诗歌研究就达到了相当的深度，上面讲到的三种修辞手法，一直是中国诗歌，甚至是中国其他文学形式主要的艺术表现手法。其中的"兴"最具中国特色。"兴"就是用对环境的描绘，运用意象创造一个特定的情景，以引发读者特定的情绪，在脑中创造一个景象，最后人的感情和诗的情境融合成一体，给人非常愉悦的感受。读者的感觉是朦胧的，但是深厚的、在表象之下的、丰富的、多向相连的。这正是艺术审美所要求的基本要素。

《诗经》中的诗，以《国风》中的爱情诗最受到人们的喜爱。爱情是永恒的主题，对任何国家的人都是一样；全世界的爱情都是一回事，全世界的人都离不开爱情，对于年轻人来说，特别如此。下面对一些《诗经》中的诗歌进行分析。

关 雎

关关雎鸠，在河之洲。窈窕淑女，君子好逑。参差荇菜，左右流之。窈窕淑女，寤寐求之。

求之不得，寤寐思服。悠哉悠哉，辗转反侧。参差荇菜，左右采之。窈窕淑女，琴瑟友之。

参差荇菜，左右芼之。窈窕淑女，钟鼓乐之。

《国风·周南·关雎》

这是《诗经》开篇的第一首诗，中国受过教育的人都可以脱口而出这首诗开头的几行。诗的开头是以"兴"的修辞手法来表达思想的。"关关雎鸠，在河之洲"，这里出现了一种鸟的形象，环境是河边沙洲，也听到了那鸟的叫声。有声有形，也有一个场景，这富有图画感。"窈窕淑女，君子好逑。"美丽的年轻女子，男子都会迷恋。第二行点出了主题：一个男子爱上了一个女子，处于单相思的情形时，那种思念不已、寝食难安的状态。

这首诗明显地带有歌咏的特点，整首诗分成五段，每一段都含有句式和词语的重复。中国古人使用"诗歌"这个词，可见诗和歌长时间以来，是密不可分的；诗就是歌，歌就是诗。这些诗，来自普通人的生活和劳动，是人们自然产生的感情和思想的表达。人们需要唱歌来表达，抒发心中的感情和思想，得到感情的宣泄，得到感情上的愉悦和感受到生活意义的一种朦胧的满足。

这首诗比较好懂，用作讲解“赋、比、兴”三种修辞技法，比较清楚。这首诗被列为《诗经》的第一首，确实具有代表性。其中的句子“窈窕淑女，君子好逑。”既直接道破爱情的真谛，又有美好生动真实的形象，表达了人至深至切的感情。“求之不得，寤寐思服。悠哉悠哉，辗转反侧。”极为真实细致的描写，活画出几乎所有恋爱过的人都经历过的感情状态。一句话，这样的诗，写出了人在爱情中活生生的表现。这样真切、直率、自然地表达感情，任何人读了都难于不受到感动。

这首诗以四言为标准的句式，音节和句式单纯，又朗朗上口，富有音乐感。咏读的时候，既被起兴的语词描绘的形象带入美丽迷人的境界，让人心旷神怡，又被诗中包含的真情所打动，陶醉在美和爱的享受之中；同时富有节奏感的诗句，回旋反复，在心中造成绵绵不断的情思。这是一首全情达意的杰作，作为《诗经》的代表作品当之无愧。

我们注意到在解释分析了这首诗的内容和修辞技法之后，学生已经喜欢上这首诗了。再将主要的句子用中文写在黑板上，然后朗读给学生听，光从表情上就可以看出他们都很喜欢。当学生了解中文特有的单音节字和四声的音调，再在诗歌朗读中展示给他们看，即使不懂中文的学生，在通过译文了解了内容，也明白了诗中使用赋比等修辞手法的地方，在听教师朗读的时候，也能从富有抑扬顿挫的声调起伏中感受到中国古诗的音乐美。

桃　夭

桃之夭夭，灼灼其华。之子于归，宜其室家。
桃之夭夭，有蕡其实。之子于归，宜其家室。
桃之夭夭，其叶蓁蓁。之子于归，宜其家人。

《国风·周南·桃夭》

这首诗的特点是生活气息很浓，真切地反映出年轻妇女婚嫁时的幸福心情和对婚后生活的憧憬。诗分为三段，每一段使用了一个比喻，用来象征新婚女子的美丽、健康和能干。从诗中可以看出中国古人对妇女在婚姻中角色的认定。

这首诗的节奏感很强，从段落的安排上，全符合一唱三叹的感情宣泄。从比喻的角度看，使用了“桃花”、“桃子”和“桃叶”象征新娘的美丽、健康和勤劳。

第一段的意象是桃花，“桃花”的颜色是白里透红，用来形容新娘子的面容肤色，非常贴切。中国人讲“人面桃花”，美好的青年女子的形象，呈现眼前。

第二段的意象是“桃子”、“果实”的意思，暗喻新娘会生出健康美丽的小孩，这里的前提是新娘的身体是健康美丽的。

第三段的意象是“桃叶”，满树的桃叶长得很茂盛，象征很强的生命力，家庭的和睦和家庭成员身体安康，日子过得兴旺，也暗示了家庭主妇持家的能力。

三段里面，只有第一段着重表达的是新娘子的美貌，后面的两段表达的是实际的理由：一是生出健康的小孩；二是会勤恳地操持家务，做一个好妻子、好母亲。

这就是中国传统社会对女性的理想要求。

这首诗是很适合用来教学的。首先是这首诗的桃花、桃子和桃叶的形象用来表现新娘的美丽和对未来幸福生活的憧憬十分贴切。一首短短的小诗，三种植物的意象将诗自然分成了三段、三个层次。每一个层次既有丰富深长的暗示意味，三个意象又有机地结合在一起，共同组成了一个饱满丰富的妇女形象，还暗示了她的美好的品质，将给她将来的婚姻生活带来幸福。第一个意象是美丽粉嫩的桃花，象征新娘的美丽容颜；第二个是饱满滋润的桃子，联想新娘健康丰满的身体；三是桃树上盖满的茂盛的叶子，暗喻桃树包含的生机；这位新娘健康漂亮，富有感情和人缘，因为她有那么多的女伴送她踏上婚姻的红地毯。

一群年轻女子在风和日丽的日子唱着祝福的歌曲送女伴走上生活新的阶段，一副美好的图画般的景象呈现在我们眼前。象征新娘和未来的家庭生活的勃勃生机。这首诗歌的颜色鲜明纯美，动感很足，节奏清晰，如同踏歌，同时意象美好，感情深挚浓烈，读来余音缭绕。带学生们用英文朗读之后再用中文朗读，效果很好。

野有死麇

野有死麇，白茅包之；有女怀春，吉士诱之。林有朴樕，野有死鹿；白茅纯束，有女如玉。舒而脱脱兮，无感我帨兮，无使尨也吠。

《国风·召南·野有死麇》

这首诗歌的主题并不那么复杂。“有女怀春，吉士诱之。”这就是这首诗的主题。这首诗的奇特在于其形式，或者说，是《诗经》305 首诗里形式比较特殊的诗。《诗经》里多数诗是四言一行的结构，这首诗则是前面一节为四言结构，后面一节则转换为五言。前面的几行诗读起来，给人一种庄重、缓缓前行的感觉，还有一点神秘感。最后三句，从前面的第三人称视角变成了第一人称，观察的那双眼睛消失了，变成主人公开口讲话。虽然有那么大的变化，但按照情景的发展，也是自然的，连结得上的。前面的部分比较符合人际交往的礼节，后面则是人性的真实流露。

这是一首富有真实生活场面、有现场感的爱情诗。由于对爱情表达过于直接，后世一直对这首诗存在争议。一个有趣的问题是为什么据说是编订《诗经》的孔子竟然采用这样直白的男女欢情的作品。这样的文学作品引起历代道德家的忧虑，完全是情有可原。前面的场景描述，生动真实，最后一段，突然打破前面诗句规定的风格，从文学性的比较静态的抒情描述一下子转换成两个青年男女之间的私密对话，场面之真实，可以脱离具体的时空，放到任何文化、任何时代、任何地点，都足以打动人心。

两三千年前的文学，将一对青年男女的爱情场面生动真实地呈现在现代读者面前，其表现力之强，毫不费力地跨过了千年时光的隔断。难怪有美国学生认为这首诗的风格很像现代西方诗歌。

硕　人

硕人其颀，衣锦褧衣。齐侯之子，卫侯之妻。东宫之妹，邢侯之姨，谭公维私。

手如柔荑，肤如凝脂，领如蝤蛴，齿如瓠犀。螓首蛾眉，巧笑倩兮，美目盼兮。

硕人敖敖，说于农郊。四牡有骄，朱幩镳镳。翟茀以朝。大夫夙退，无使君劳。

河水洋洋，北流活活。施罛濊濊，鳣鲔发发。葭菼揭揭，庶姜孽孽，庶士有朅。

《诗经·卫风》

这首诗中对美女的直接描绘，是中国文字记录中最早的美女标准。手像新生的芦苇那么柔软，皮肤如同凝冻的油脂，脖颈像长长的天牛的脖子，牙齿好像整齐洁白的瓜子，额头如同饱满的蟋蟀头部，眉毛好似细长的蛾眉。她笑起来真美啊，分外的迷人，她的眼睛亮如秋水，充满情思。

介绍这首诗可以让西方学生了解到一些中国古典美人的标准。这一部分关于古典美女的特征描写，使用了六个明喻，其中四个有关植物，两个有关动物。这样的写法让读者可以有比较具体的形象来联想和回味，通过这些形象的联想，在脑子里塑造一个生动感性的美丽的女性形象。

如果离开十分具体的物象联想，一首诗很难在读者脑中建立起鲜明生动的形象。为什么要使用比喻，就因为比喻的喻体是具象的，是人们常见的生活现象。常见的事物才更能感受到其鲜明的特点。文学作品的文字要生动感人，离开具体的形象，就无从谈起。

一、英译中国古典诗歌的误译

英译中国古典诗文，涉及两种差异很大的语言文字和差异更为巨大的文化，实属不易之工程。在教授中国古典诗歌的过程中，我们注意到在古典诗歌翻译中出现的一些误译，多数并不属于很深层次的语言文化问题，反而多表现为浅层次的语言含义理解问题。误译容易出现在词法、句法和对文化历史的了解深度三个方面：对多义词各层含义把握不够准确；对叠字意义不熟悉；误解古文句法结构；对一些中国文化观念的内涵理解深度不够，望文生义。这些局限都容易造成理解错误。

分析中英翻译中的误译，能够改进教学，提高学生的语言敏感性，更能够帮助我们理解不同的文化观念。我们使用的教材主要为哥伦比亚大学

2000年出版的《哥伦比亚中国古典文学作品集》，这是一本篇幅浩繁、由众多译者共同翻译、在美国较有影响的一本中国古典诗文的汇集。[①] 本文用其中部分英译中国古典诗歌作为例子进行分析，指出译文中对原文的理解错误，并试图分析其原因。

在进行案例的分析时，为了方便读者将英译和原文进行对比，除了将两者并列展示之外，我们还将英译回译成现代汉语，置于左下方，并且将流行的白话文翻译，放在右下方，这样就能帮助读者对比原文和英译，更清晰理解我们的思路。

《诗经》

英译：	原诗：桃夭
That peachtree so frail,	桃之夭夭，
radiant are its blossoms.	灼灼其华。
That girl come to marry,	之子于归，
she is right for this house - and - home.	宜其室家。
That peachtree so frail,	桃之夭夭，
swollen is its fruit.	有蕡其实。
That girl come to marry,	之子于归，
she is right for this home - and - house.	宜其家室。
That peachtree so frail,	桃之夭夭，
its leaves are dense.	其叶蓁蓁。
Than girl come to marry,	之子于归，
she is right for this whole family. [②]	宜其家人。

① Victor H. Mair: The Shorter Columbia Anthology of Traditional Chinese Literature, New York: Columbia University Press, 2000. 这本文集的特点是内容丰富，节选了从金铭文、《易经》、《尚书》到《红楼梦》有影响的诗歌散文作品译文，涵盖近三千年的时段，1994年第一版，2000年缩写版。

② Victor H. Mair: The Shorter Columbia Anthology of Traditional Chinese Literature, New York: Columbia University Press, 2000, pp. 62 - 63.

英文回译：	白话译文：
桃树美丽易凋，	妩媚婀娜的桃树，
花朵光彩照人。	耀眼的桃花惹人频顾。
娶进门的姑娘，	这美丽的姑娘今日出嫁
适合这户人家。	娶亲的人家将幸福和睦。
桃树美丽易凋，	妩媚婀娜的桃树，
桃子硕果累累。	累累的硕果令人爱慕。
娶进门的姑娘，	这美丽的姑娘今日出嫁，
适合这户人家。	娶亲的人家将幸福和睦。
桃树美丽易凋，	妩媚婀娜的桃树，
树叶绿荫茂密。	繁茂的树叶绿荫密布。
娶进门的姑娘，	这美丽的姑娘今日出嫁，
适合这户人家。[①]	娶亲的人家将幸福和睦。[②]

有一种观点："诗不可翻译"，认为将诗歌从一种语言转译成另外一种语言的形式，在差距很大的两种语言之间，几乎不可能。特别将具有音乐性的声调和单音节语言特色的中国诗歌译为不具备这些特点的英文，更为艰难。一个可贵之处是这首诗的译者试图在译文中将原诗的旋律和节奏表现出来。总体说来，在很大程度上译者做到了这一点，译诗在思想和形式上都基本忠于原诗。有的地方，译者是很用心的。比如：原诗分成三段，每段结尾的最后一个字，分别用的是："室家"、"家室"和"家人"。译者用了"house-and-home"、"home-and-house"和"this whole family"来对应三个形式略有变化的同义词。原诗将每段的结尾一个词作了点细小的变化，减少了单调感。这样安排有可能是在不断歌咏的过程中逐渐加上去的。译者领会了这个意思，尽力在译文中表达这个想法，可以说做得很成功，贴近了原诗的风格。

相当可惜的是译者在理解"夭夭"这个叠字上出了问题，出现了误

① 文中的"英文回译"为作者自译。

② 刘毓庆、李蹊译注：《诗经（上）·国风》，中华书局2011年版，第17页。

译。根据古汉语词典的解释，“夭”字有三个含义：一是早亡的意思，比如夭折、夭亡；二是书面语，形容草木茂盛，例如夭桃秾李；[①] 还有第三个意思（发音 ao 的第三声），指刚出生的小动物和草木。“夭夭”是“夭”的叠用，其含义是“形容茂盛而艳丽”。[②] 显然，译者没有理解叠字“夭夭”的含义有别于“夭”，采用了“夭”字的第一义和第三义，选用了不适当的英文词“frail”（脆弱）来翻译。[③] 从“frail”的释义里，可以看出这个词的基本义和引申义都不适合原诗的意义。[④]

根据两种英文词典的解释，“frail”的含义是柔弱、易亡的意思。这个词产生的意象刚好同原诗相反。这首诗表现为反复歌咏的形式，全诗分成三节，每一节结构相似，只换了几个名词；开头一句是重复的句式，使用了三个意象：第一节用鲜红粉嫩的桃花；第二节用丰满结实的累累硕果；第三节用繁茂如荫的桃叶来比喻新娘的美丽健康，寄寓未来生活的繁荣美好。三个具体的意象都指向饱满健康茁壮的生命力，与生命的柔弱不相吻合。这里如果用“robust”或者“exuberant”这样的词就能贴近原作的意境。

揣摩英译者的思路，译者也许是从“夭”字含有新生动物和草木的这一层含义出发，联想到桃花的娇嫩易落（tender），从而想象出一棵娇嫩柔弱的桃树的形象，就采用了“frail”这个字。原诗全都是饱满生命力的象征，使用“脆弱”很难理解译者的思路，“娇嫩”不吻合原诗的意象。看起来译者还是仅从“夭”的部分含义来理解原文，更没有理解叠字“夭夭”的含义，从而选用了一个含义同原诗意象和意境都相反的词。

这是一首美好的庆祝婚礼的歌谣。试想在明媚的春光里，一群儿时的女伴，簇拥着盛装的新娘走在前往新郎家的路上，一起唱着祝福新人的歌曲，心里也充满了自己对未来美好生活的憧憬。如果用了表达柔弱易亡的词语，那不成了一首对生活含有感伤情绪的哀歌了吗？

---

① 《现代汉语词典》，商务印书馆 1996 年版，第 1460 页。

② 《古汉语词典》，上海辞书出版社 2002 年版，第 768 页。

③ Webster's New World Dictionary, New York: The World Publishing Company, 1970, p. 553, “frail: easily broken or damaged or destroyed; fragile”; “delicate 2. Slender and delicate; not robust; weak”（纤弱，容易损坏或者被毁）；“having a delicate constitution; physically weak; not robust.”（结构精细但不结实）

④ The American Heritage Dictionary of the English Language, Boston: Houghton Mifflin Company, 1981, p. 521, “frail: slight; weak; not strong or substantial.”（单薄，不强壮）

英译：

On the offering mound, a dead roe,
white floss grass wraps it up.
There is a girl who longs for spring,
an auspicious knight leads her forward.

In the grove, a trembling oak,
On the offering mound, a dead dear.
White floss grass binds and ties them,
The girl is like jade.
"Whoa, gently, gently.
Do not move my apron,
and make the shaggy dog bark."[①]

原诗：野有死麇

野有死麇，
白茅包之。
有女怀春，
吉士诱之。

林有朴樕，
野有死鹿。
白茅纯束，
有女如玉。
舒而脱脱兮，
无感我帨。
无使尨也吠。

英文回译：

在献祭的高地上，有一只死鹿，
白色茅草包裹捆扎。
一位姑娘，向往着春天，
那英俊骑士，引她向前。

树丛中有一棵颤抖的橡树，
在献祭的高地上，有一只死鹿。
白色茅草包裹捆扎，
女孩纯净得如同美玉。

“嘿，轻一点，
别动我的围裙，
别惹我的狗叫！”

白话译文：

野外那只猎杀的香獐，
用白茅把它捆扎停当。
那姑娘正满怀着情思，
英俊的青年把鹿献上。

林中砍下的槲树枝条长，
还有这野外猎杀的香獐。
用白茅细心把它捆好，
献给玉一样美丽的姑娘。

“走过来你要脚步轻轻，
我的佩巾你千万别碰，
让我的狗安安静静。”[②]

① Victor H. Mair: The Shorter Columbia Anthology of Traditional Chinese Literature, New York: Columbia University Press, 2000, p. 63.

② 刘毓庆、李蹊译注：《诗经（上）·国风》，中华书局2011年版，第55页。

这首诗的英译同原文没有太大的出入，只是对个别词语的文化内涵理解不很深入，将词语的某一个特定的意义用于另外的情境中，以至于影响到对整首诗的氛围的表达。由于译者将“白茅”包裹食物的做法理解为只用于宗教祭祀的目的，从而给这首诗歌加入了宗教祭祀的氛围。中国古代祭祀的时候，用白茅垫在用来祭祀的熟食下面，以示虔诚。[1]在这个旷野里自然发生的爱情故事里，一个青年猎手用白茅草包裹猎获的獐鹿，送给心爱的女子作为表达爱情的赠物，并没有宗教献祭的含义在其中。原始渔猎社会里男子向女子求婚，常会把猎获的野兽献给女子，对方若收下，就表示接受了男子的爱情。男子使用白茅草，而不是一般的茅草，可以理解为表达男子的真诚和爱情的纯洁。

出于以上的理解，作者在这首诗里增添了具有宗教的意味的词语“offering mound”（献祭的土堆），给整首诗增添了神秘的宗教祭祀的氛围。将宗教意义赋予这首非常自然质朴的男女青年诱惑欢好的爱情诗，减弱了其中人性的分量。

另外，将“怀春”翻译为“longs for spring”也只是译出了字面浅层次的含义。“longs for spring”的含义是“向往春天”，而在中文语境中“怀春”是怀有情思的意思。中国古代春季有青年男女狂欢节，到时青年男女可以自由行动，不受平时的限制。[2]“怀春”固然有春天万物复苏，生命力勃发的含义，但更同上古这个青年男女自由求爱的习俗有关。

英译：	原诗：硕人
Hands like frail reeds,	手如柔荑，
skin like congealed fat.	肤如凝脂。
Neck like a tree-grub,	领如蝤蛴，
teeth like melon seeds.	齿如瓠犀。
A cicada head, moth eyebrows.	螓首蛾眉。
Her cunning smile a pale green,	巧笑倩兮，

① 《周易》二十八卦，大过卦。初六：藉用白茅，无咎。意思是用柔软的白茅草铺在地上，上面放置祭祀用的熟食和器具，不会出差错。

② 《周礼·地官·媒氏》，“仲春之月，令会男女，奔者不禁”。

the lovely eyes so black and white.[①] 美目盼兮。

英文回译：

双手如柔软的茅荑，
皮肤像凝冻的膏脂，
脖颈似天牛的幼虫，
牙齿像排列整齐的瓜子。
蝉一样的方额，蛾子的修眉，
她迷人的笑颜带有丝丝淡青，
可爱的双眼黑白分明。

白话译文：

她那柔嫩的手就像初生的茅荑，
洁白润滑的皮肤像冰雪般白皙。
美丽的脖颈像圆润雪白的蝤蛴，
漂亮的牙齿像葫芦籽那样整齐，
蝉样的前额蚕蛾般的双眉弯曲。
妩媚的笑颜是那样灿烂，
传情的眼睛清澈明丽。[②]

这首中国最早的形容女子美丽容貌的诗歌，几乎将传统中国美女的审美标准确定下来了。这首诗的英译大体尚好，问题出在结尾的一句中对"倩"这个词的理解。"倩"指"含笑的样子，引申为美好"，"倩女"指美好的女子。[③]

将"巧笑倩兮"翻译作"Her cunning smile a pale green."其意是"面上显出淡绿的迷人的微笑"，意思很奇怪，甚至可以说是不知所云。中国古代美女没有在脸上涂上淡青作为饰妆的。有可能是译者对"倩"这个字望文生义，将其理解为"青色"了。"倩"是形声字，"青"作为声旁，被借用组合成"倩"字，没有"淡青色"的含义。看来译者没有理解原字的含义，也没有下功夫查字典，或者核对历来对该诗的注解，对字义作出了想当然的联想。译者看到"倩"字中有一个"青"字的声旁，就想当然地将女子的笑容加上了清绿色。也许译者在脑中想象古代中国妇女化妆的时候会在脸上涂点淡青色，但这并没有历史根据。

翻译两种差别很大的语言文字，下功夫透彻理解原文最为重要，没有别的捷径，否则容易出错，如上面这个例子所显示。当然我们也得承认中文确实是一门很难学的文字，其意义系统极其复杂。不是常年浸染其中，

---

① Victor H. Mair: The Shorter Columbia Anthology of Traditional Chinese Literature, New York: Columbia University Press, 2000, p. 64.

② 刘毓庆、李蹊译注：《诗经（上）·国风》，中华书局2011年版，第151页。

③ 上海辞书出版社语文辞书编纂中心：《古汉语词典》，上海辞书出版社2002年版，第519－520页。

很难准确把握多义词的各层含义。不过，只要下了功夫，还是可以令人有可喜的收获。这首诗的后面一句将“美目盼兮”译为“the lovely eyes so black and white”，（可爱的双眼黑白分明）就译得不错，接近了原文，虽然这只是一种译法。可见在细致了解字义的基础上，可以做到相当接近原作试图表达的思想感情；绝大部分的意义，还是可以通过译文表达出来的。

英译：

The Chaste Maiden, shining scarlet,
awaits us at Wall-Nook.
Obscure, invisible,
scratching her head, immobile.

The Chaste Maiden, so clever,
has given us the Vermilion Stalk.
The Vermilion Stalk glows bright red,
in celebration of a maiden's beauty.

From our shepherd we offer young floss grass,
sworn to be beautiful and rare.
Made not in payment for the maiden's beauty,
but to praise the kind one's gift.①

原诗：静女

静女其姝，
俟我于城隅。
爱而不见，
搔首踟蹰。

静女其娈，
贻我彤管。
彤管有炜，
说怿女美。

自牧归荑，
洵美且异。
匪女之为美，
美人之贻。

英文回译：

那位娴静的少女美丽动人，
在城楼角落等待我们的到来。
朦朦胧胧，看不清楚，
她抓挠头发，一动不动。

白话译文：

幽静的姑娘多么美丽可爱，
她在城上角楼里等我到来。
她藏在什么地方我看不见，
急得我挠头抓耳四处徘徊。

① Victor H. Mair: The Shorter Columbia Anthology of Traditional Chinese Literature, New York: Columbia University Press, 2000, pp. 63－64.

那位娴静的少女美丽动人，
赠送我们鲜嫩欲滴的牧草。
那草管通体鲜红明亮，
如同在赞颂少女的美丽。
牧人给我们带来鲜嫩牧草，
美丽而且珍贵，
不是回赠少女的美丽，
而是赞美心地善良者的礼物。

幽静的姑娘多么美丽可爱，
她珍重地赠送我一只彤管。
这彤管闪烁着红润的光芒，
你的美好让我打心底喜欢。
送给我从牧地才来的茅荑，
它实在是无比美好又奇异。
并不是你茅草有这么美丽，
是美人的礼物才这般珍奇。[①]

这首诗的翻译，同原文的意思相差太远，几乎属于再创作了。译文的错误不仅仅是望文生义，而且是根据自己的第一印象非常大胆地自由发挥，随意想象，甚至将人称角度也搞错了，丢失了原诗表现的少男约会时急切的心理状态，他的痴情和单纯，还有少女对男孩的促狭和考验。一个活泼聪明而调皮的少女，跃然纸上，这正是这首诗歌的最精彩之处。第一句的宾语用复数“我们”，破坏了全诗的逻辑结构，一男一女的关系变成了女子和“我们”。这个“我们”是谁呢？“我们”怎么能出现在男女私会的场景中呢？第二个错误：由于中文诗歌中可以省略主语，译者将“爱而不见”的主语错当作是女子。实际第二句的主语转换成为男子，接下来的表现就完全错了。

这首有名的诗“以欢快的笔调，描写了一对青年男女相约、相戏、相见、相赠的情境。……诗用不同的手法，凸显了两种不同的性格，对男子，主要是通过心理活动描写，表现了他的痴情，憨厚和单纯。……对于女子，诗篇则是通过行动表现藏身逗乐和馈物寄情的举动，表现了她的活泼、开朗、大方。女子的主动、机灵和男子的老实、被动，形成了鲜明的对比，造成了强烈的艺术效果”。[②] 可以说，这首诗歌的精华被译文弄丢了，大大减低了原诗的艺术表现力，背离了原诗的内容和旨趣。

英译：
It takes a very stupid dolt,

原诗：《氓》的开头两句
氓之蚩蚩，

① 刘毓庆、李蹊译注：《诗经（上）·国风》，中华书局2011年版，第108－109页。
② 刘毓庆、李蹊译注：《诗经（上）·国风》，中华书局2011年版，第110页。

to bring cloth to trade for silk.　　抱布贸丝。
He didn't come to trade for silk,　　匪来贸丝，
to bring cloth to trade for silk.
he came to bargain for me! [1]　　来即我谋。

英文回译：	白话译文：
那个大笨蛋，	那个野人小伙是多么憨厚，
抱着布匹来换丝。	抱布交换生丝到乡里逛游。
他不是用布来换丝，	他本意并不是要交换生丝，
是想和我搭上线。	找我商量婚期在什么时候。[2]

《氓》是《诗经》中少见的叙事长诗，译文除了开头一句不很恰当之外，整体的翻译还是相当不错的，基本上表达了原诗的思想感情和艺术风格。开头一句话的翻译存在两个方面的问题：一是望文生义，没有深究，造成词语翻译不准确；二是对全诗感情和思想表达方式的理解不深，选用了不吻合原诗意义的词语来翻译。“very stupid dolt”是“大笨蛋、大傻瓜”的意思，使用这个词，表达了言者心中的极度鄙视，开口就要破口大骂的愤激之情。而原文“氓”在古汉语里，是指外来的游民，多半是指外来的没有产业的游民，有点类似于现代从乡村流落到城里的人，其社会地位比较低。“蚩”是愚笨的意思。

这首长诗的叙述角度是一位受到深深伤害的妇女对自己痛苦婚姻生活的回忆。“蚩蚩”这个双声叠字表达的意思接近现代口语“笨笨的”，其意义在“蚩”的基本义上有所变化，叠字也称为“重言”，主要是加强语义，还有通过音节的重复获得一种形象生动的感觉。叠字同原来的单字相比较，常含有一定的转义。这里，“蚩蚩”其含义已经转换成“一副老实巴交的样子”。结合全诗来看，“氓之蚩蚩”，是这位妇女回想当时认识那个男人时心中建立的第一印象。对婚姻悔恨之人，常常会自怨对人不察，在心中对比刚刚结识时心中的美好印象和后来暴露恶劣表现的巨大反差。这位妇女在返回娘家的路途中回忆不堪的往事，后悔和反省同一个表里不

① Victor H. Mair: The Shorter Columbia Anthology of Traditional Chinese Literature, New York: Columbia University Press, 2000, pp. 58 – 59.

② 刘毓庆、李蹊译注：《诗经（上）·国风》，中华书局2011年版，第155页。

一、性格粗暴的男人结合。女主人公在回忆时，对于恋情初燃的时候，仍然是带有感情的；她仍然记得那男人一副憨厚老实的样子。

“言既遂矣，至于暴矣。”婚后丈夫变成完全不同以前的凶巴巴的样子。这时的回忆，展现整个过程，重现感情的真实记忆，五味杂陈。译者应当循“看上去是个老实巴交的男人”（A seemingly honest and earnest man）这个印象来理解比较合适。“大笨蛋”的译法不仅没有表现出这位妇女在回忆不堪回首的往事时的复杂心境。这位妇女对刚解除的婚姻有巨大的悔恨，但没有歇斯底里的控诉，而是以表面平静的口吻中叙述整个过程，口气中没有显示过多的指责。这种表面平静实则内心隐忍着巨大伤痛的叙述反而给读者带来更大的感情冲击和感情张力，读者（听者）从而深深地同情这位勤劳善良、对生活怀有美好期望的妇女。如果在叙说的开头就用“大笨蛋”的词语，就没有显示出妇女对这场不幸婚姻的深深的失望，而是将自己的婚姻不幸的原因简单地推到遇人不淑的方面，去掉了对经历的思考和询问，减弱了这首名诗的思想感情的分量。

《汉乐府》

英译：	原诗：《木兰辞》的结尾部分
She opened the gate that leads to the eastern tower,	开我东阁门，
She sat on her bed that stood in the western tower.	坐我西阁床。
She cast aside her heavy soldier's cloak,	脱我战时袍，
And wore again her old-time dress.	著我旧时裳。
She stood at the window and bound her cloudy hair,	当窗理云鬓，
She went to the mirror and fastened her yellow combs.	对镜帖花黄。
She left the house and met her messmates in the road,	出门看火伴，
Her messmates were startled out of their wits.	火伴皆惊忙：
They had marched with her for twelve years of war,	同行十二年，
And never known that Mulan was a girl. ①	不知木兰是女郎。

一个有趣的例子是《木兰辞》中出现的误译。功勋卓著的木兰在从

---

① Victor H. Mair: The Shorter Columbia Anthology of Traditional Chinese Literature, New York: Columbia University Press, 2000, p. 268.

军12年之后，最想做的事情是回到父母兄弟的身边，和亲人们在一起，享受天伦之乐。这首叙事诗最为精彩之处不在于描写木兰女妆男扮，征战之英勇，而是细致刻画了木兰回家时的气氛和心情。原文对木兰动作的刻画真实生动。木兰兴奋地打开自己久锁的闺房，急不可耐地恢复自己的女儿身份。可以想象一个伪装成男人长达12年的姑娘的急切心理。“当窗理云鬓，对镜贴花黄。”她坐到窗前旧日梳妆打扮的位置，对着镜子开始恢复自己当时年轻妇女的头发的式样，对着镜子仔细地在两额贴上花黄，汉代的妇女用黄花做成的汁液在额头或者太阳穴上方画的花纹，犹如印度妇女在眉心之间点上点红色印记作为装饰一个意思。花黄这种妇女的脸部装饰方法，到了唐代就逐渐消失了。

英文翻译为“She stood at the window and bound her cloudy hair, She went to the mirror and fastened her yellow combs.”直译为：“她站在窗前将头发梳理成云彩状，她走到镜子前系好（头上的）黄木梳。”这里不能强求译诗在句式的精炼生动，主要的问题出在将“花黄”这个妇女额头的装饰翻译为“黄木梳”。这将原文的意思改动过大。虽然木梳是妇女打扮梳理头发时候的不可少的用具，有的时代也用作饰物，但在原文里并没有出现。译者由于缺乏这方面的文化知识，用了自由联想的处理方法，偏离了原诗的真实。

《南朝民歌》

英译：	《子夜歌》
The sun sinks low. I go to my front gate,	落日出前门，
and look long, and see you passing by.	瞻瞩见子度。
Seductive face, so many charms, such air!	冶容多姿鬓，
— and sweet perfume that spills in from the road.	芳香已盈路。

英文回译：

太阳西下立前门，
翘首远望见子度。
打扮修饰整头发，
香水味儿飘满路。

白话译文：

我在日落时分出门，
反复斟酌着如何打扮。
我把自己打扮得很艳丽，
身上的香气飘出很远。

My perfume?
than incense leaves.
Seductive face?
You really think I'd dare?

芳是香所为，
冶容不敢当。

But heaven doesn't rob us
of desires：
that's why it's sent me
here，why I've
seen you. ①

天不绝人愿，
故使侬见郎。

英文回译：

你以为是香水？
实则是薰香的味道。
我故意打扮的面容？
你真以为我有这个胆量？
还好上天没有剥夺我们的欲望。
这就是为何我能来到此地，
见到了你。

白话译文：

香味来自燃烧的薰香，
我没有打扮诱人的胆量。
老天没有让我心中的愿望落空，
才让我有了见到你的机会。②

《子夜歌》是南朝歌女表达爱情的情诗，风格自由直白。诗人敢于直接表达女性对爱情的向往和失去爱情的痛苦，诗中不乏对情欲的大胆描

① Victor H. Mair：The Shorter Columbia Anthology of Traditional Chinese Literature，New York：Columbia University Press，2000，pp. 253 – 254.

② 百度百科，《子夜歌》。

写。译者基于这样的理解，翻译时作出一些超出了中国习俗的诠释，加进了不大符合中国艺术表达方式的手法，造成同原诗的意味相差比较远。

“天不绝人愿”在这里表达的意思是单方面的，即女子的愿望，并没有包括男子方面，意思是老天怜悯我，让我的诚心得到满足。这样的表达方式表明该女子对其心仪男子的爱慕之深，向往之切。译文译作“还好上天没有剥夺我们的欲望”，使用了复数，而且强调了“情欲”的原始本性，好像不过是指出了一个人性的客观事实，将原诗作含蓄爱情表达，变成了直截了当的对异性的情欲。这样的处理降低了原诗的以含蓄为特色的艺术表现力。

英译：

Night after night, I did not
comb my hair. Silky
tangles hang
across my shoulders.
I stretch my limbs
around that young man's
hips.　Is there any place on him
I could not love?[1]

原文：《子夜歌》

宿昔不梳头，
丝发被两肩。
婉伸郎膝上，
何处不可怜。

英文回译：

一夜接一夜，我不曾梳头；
青丝缕缕，被覆我的双肩。
我伸手环抱在青年男子的腰间，
他身上有什么地方我不爱？

白话译文：

我解开束发的带子，
青丝披肩。
轻婉地屈伸在你膝上，
我身上哪一处不惹人怜爱？

这首短诗译文中出现了明显的不准确理解。最后一句的人称角度不符合原文，原文的主语承接上面两句，描述的都是女子自己；她在回忆当时男女欢好时候自己的神态和样子，有自爱的成分。这里表现了女子欢爱中

---

① Victor H. Mair: The Shorter Columbia Anthology of Traditional Chinese Literature, New York: Columbia University Press, 2000, p. 254.

的幸福感，也可能有对逝去的美好青春时光的眷念。译文最后一句将主语换成了男子。如果按照译文去理解，这里只是直接表现了女子对异性身体的欲望。译者可能没有捕捉住“婉”表示温和顺从的意思；“可怜”的意思是可爱，两个词都多半用来描述女性表现。这是译者错失了对文化细节含义的了解，从而曲解了作者想要表达的意思。

显然，译文的艺术性要比原文差得多。原文给读者以想象空间，想象性爱的欢愉。虽然仅从自我感受的角度描写，但是读者的感觉却是两个人的世界，这就是原诗的高妙之处，在含蓄之间，读者可以进行想象和再创作。这样的想象尽管含有情色的成分、爱欲的暗示，却不是直接地诉诸肉欲；而译文走的就是这样的一条直接的路线。前者含有精神上的提升性质，后者却是往低处走的、比较靠近动物性的原始本能。

《周易》

英译：

A dragon in a gully: there will be trouble. [1]

原文：《周易·乾卦》

上九：亢龙有悔。

英文回译：

掉在水沟里的龙，

将会有困境。

白话译文：

龙飞到了极限的地方，

会有灾祸之困。[2]

这样的翻译几乎是废话。高飞在天的龙飞行中出了问题摔下来，掉到水沟里去，已经是在困境里了，不用等到将来。“亢”的意义有①高；②极，过甚；③刚强等，没有“水沟”的意义。译者把这个字翻译成“gully”，[3] 有可能是译者将这个字误认作“坑”发音同为“kang”的四声和“keng”的一声，解作“地洞，深谷，洼下去的地方”。[4]

---

① Victor H. Mair: The Shorter Columbia Anthology of Traditional Chinese Literature, New York: Columbia University Press, 2000, p. 7.

② 吴兆基编译：《周易》，时代文艺出版社 2001 年版，第 5 页。《象》的解释是：“亢龙有悔，盈不可久也。”《象传》说：龙飞到了极限的地方，会有灾祸之困，因为物极必反，居高盈满是不可能长久保持的。

③ Webster's New World Dictionary, New York: The World Publishing Company, 1970, p. 601, gully: “water channel, a channel or hollow worn by running water, small narrow ravine.”

④ 《古汉语词典》，商务印书馆 1996 年版，第 356 – 357，361 页。

很显然，译者在这里错误地理解了“亢”这个字的意义。“亢”的意思是“高”，而绝不是“水沟”（坑）的意思。译者显然是对“亢”字望文生义，理解为“坑”，就把意思完全弄拧了。原文意思是极为成功，飞得极高的龙，到了一定的时候，不能再往上飞，这盛极一时的场面不可能永远维持下去；事情到了头就会向相反的方向转化。这句话的含义是只知进不知退，不懂得事物的发展到达其顶端之后就会向下走；功成名就之后要急流勇退，不要赖在位置上不下来，这会带来麻烦的。而译文的意思是：龙掉到了坑里，出麻烦了，就好像飞行员开飞机出事故掉下来一般。这样的翻译，讲的是偶然性，没有讲必然性，完全丢失了原文深邃的含义和思想精华。译者没有花功夫了解“亢”的意义。

这句话代表了《易经》的核心哲学思想。“易”就是“变”。《易经》代表了中国人的根本的宇宙观：世界上充满了变化，变化以圆周的形式进行。万事万物都按照圆周的轨迹走完自身的生命之轨。“乾卦”这个《易经》的基础，显示了儒家和道家这两家中国最有影响的思想派别的基本价值观念和对事物的哲学认知。这个卦中出现的“龙”的形象，代表了儒家奋发进取、积极做事的人生态度和价值观。而从开始的一条稚弱无力的小龙，经过不懈的学习奋斗和努力寻求机会和帮助，逐渐成长为一个出没水陆、上天入地的强大的蛟龙。这就是儒家积极入世的价值观的具体体现。成功不可久持，事物都在走向反面。事物的发展，是由弱到强，再到衰落的状态，这就是受到易经思想影响的道家的基本的哲学观。

乾卦：用九

见群龙无首，吉。

英译：

See a group of dragons without heads: auspicious.[①]

白话译文：

出现群龙谁也不愿为首的现象，是很吉利的。[②]

英文回译：

看到一群无头的龙，吉祥。

---

① Victor H. Mair: The Shorter Columbia Anthology of Traditional Chinese Literature, New York: Columbia University Press, 2000, p. 7.

② 吴兆基编译：《周易》，时代文艺出版社 2001 年版，第 5 - 6 页。

“群龙无首”这句话，对中文为母语的人来说，意思很清楚明白：“群龙”就是“一群龙”，“无首”就是“没有首领”，没有领头龙的意思。整句话的意思是一群龙在天上飞翔，没有一个高高在上、制约群龙的领袖。译者将“首”理解为“龙头”，“无首”理解为“无头”，将这个词当作群龙的修饰语，就理解成了“一群没有头的龙”。如果按这个理解，读者脑中出现一群无头之龙在天上飞翔，这会是一幅多么可怕的景象，如何谈得上吉祥？

文言文是一种高度凝练的语言文字，如果对文言各种表达形式没有相当的熟悉程度，在理解上容易造成歧义，即多种解释的可能。显然，这里有个对母语的语言感觉（Language Sense）的问题。绝大多数中文读者都会将这个句子理解为一群龙在天空自由飞翔，没有一个带有强制性的、具有长官意志的为首的龙。很少有人会理解为“无头之龙”。不过，在中文环境的日常用语中，这句话常常被用来表示否定性意义：一群人缺乏强有力的领导人，结果是没有统一意志，成了乌合之众。但是，在乾卦中这句话的意义则是积极的、正面的意思，存在着一个更高的自由的境界。

在久远的古代，中国人就认识到了，或者说孕育了这样一个美好的理想：每一个人都应当活出一种理想的状态，自由自在，没有压迫，没有暴君，否定专制。一种理想的群体生存状态，不是由一条力量无比强大的龙掌控全局，因为力量再强大的龙也不过是个有限的存在。重要的是每个个体获得足够的发展空间和机会，尽情地发挥自己的潜力和才干，在共同的发展中，展现一幅和谐的存在图画；一种万物各得其性的自由生存状态。“天命之为性，率性之为道。”《中庸》里的这句话讲的是上天给了我们每个人生命和自然的禀赋，这就是“性”，“率性”就是顺着本性行事，就符合“道”。从根本上说，每个个体都向往自由，都希望按照自己的意志自由自在地生活。这就是“群龙无首，吉”最根本的含义。《易经》是一部古老的经典。在数千年前，中国古人就在这部经典中表达了追求自由的理想，提出了理想的生存环境是人人不受压迫，自由地生活。这说明中国的人文理想起点很高，含有丰富的人道内涵。这个理想和现代人追求自由、发展自我的理想是一致的，富有现代意义。

二、翻译得较好的古诗

中文具有单音节和声调这两大其他语言所没有的特点，在古典诗歌写作方面占有独特的手段，形成了中文易于作出对仗的形式美和富有音乐性的声调美。翻译中国古典诗歌确实是件难于做到完满的工作，但是我们认为诗歌在相当大的程度上，还是可以翻译的。也就是说，如果进行了细致艰苦的努力，还是能获得好的翻译效果。翻译得好的诗歌，能够将原诗的思想感情，通过具体的意象（这在中国古典诗歌中异常丰富），表达出原诗想要表达的意境。有些功力深厚的译者，拥有对两种语言和文化的掌握，做出富有成果的尝试。

我们选取了几首成功的翻译。可以看出有的译诗中，在忠实表达原作的思想感情之外，作者还尝试将原诗中的韵律和节奏，通过拟声词的模仿表现出来。

汉乐府 《陌上桑》节选

英译：	原诗：
The prefect invites Lofu,	使君谢罗敷，
“Wouldn't you like a ride with me?”	宁可共载不？
Lofu steps forward and refuses：	罗敷前置词：
“You are so silly, Prefect!	使君一何愚！
You have your own wife, Prefect,	使君自有妇，
Lofu has her own husband!”①	罗敷自有夫！

“罗敷前置词”这句话中的副词“向前走一步”在表达罗敷性格中的勇敢起到很大的作用。在那个时代，做官的气焰很嚣张。使君虽然看上去行为还算有礼貌，但其用心却是想霸占良家妇女。罗敷对这种大庭广众之

---

① Victor H. Mair: The Shorter Columbia Anthology of Traditional Chinese Literature, New York: Columbia University Press, 2000, p. 255.

下不尊重妇女的行为，勇敢地加以痛斥和打击。英文译文“Lofu steps forward and refuses”将原文的意义表达得很到位，使用“steps forward”准确地表达了原文中这一个重要的揭示女主人公性格的动作。

《南朝民歌》

英译：	原文：子夜歌
Seize the moment! —	年少当及时，
while you're still young.	
Miss your chance —	嗟跎日就老。
one day, and you've grown old.	
If you don't	
believe my words, just look	若不信侬语，
Out at those grasses	
underneath the frost. [①]	但看霜下草。

英文回译：	白话译文：
抓紧时间！当你还年轻的时候。	年少行乐当及时，
错过机会，一天天变老。	蹉跎机会人已老。
你若不信我的话，	你若不信我的话，
看看霜雪压着的草。	看看霜雪压着的草。[②]

这首诗的翻译，忠实地转达了原诗的思想、感情甚至节奏和韵律。

翻译古典中国诗词，要获得好的翻译效果，译者首先要对原文的语言结构充分地了解，读古汉语的词法和句法，应当获得相当的把握；对古典诗文中一些词语的文化内涵，特别要花工夫，求得准确的理解。如果上面提到的这些知识不够，就容易出现对原诗望文生义的浅层次理解，母语为非汉语的译者，必须谨慎对待原诗，阅读各种版本的汉语解释，探讨推敲，就可以极大地避免明显的误译。

---

① Victor H. Mair: The Shorter Columbia Anthology of Traditional Chinese Literature, New York: Columbia University Press, 2000, p. 246.

② 百度百科：《子夜歌》。

有一种看法：诗是不能翻译的。笔者认为，这个看法只是部分正确。这句话应该被理解为“诗歌，由于其高度凝练和对音律的严格要求，难以完整地以另外一种语言来表达原文诗歌中各种美的元素”。但是，我们认为诗歌的意象和形成的意境，这个诗歌最重要的成分，基本上是可以通过译文表达出来的。从本文选出的一些例子可以看出，忠实的翻译，可以达到很高的艺术水平，获得近似原文的艺术效果和共鸣，打动非汉语读者的内心。

从我们在美国大学教授中国古典诗歌的经验中，发现通过好的译文，美国大学生一样能够在很深的程度上欣赏中国古典诗歌丰富深刻的思想和感情的内涵。

三、学生评论

迷人的中国古诗

朱莉安·费南德兹　Julianne Fernandez（2012年春季）

君子于役，不知其期，曷其至哉？鸡栖于埘，日之夕矣，羊牛下来。君子于役，如之何勿思！君子于役，不日不月，曷其有佸？鸡栖于桀，日之夕矣，羊牛下括。君子于役，苟无饥渴！

《国风·王风·君子于役》

读《诗经》的时候，我为中国诗歌和西方诗歌之间的相似之处和联系之多感到惊讶。如同西方诗歌，中国诗歌也从传说和历史中汲取养分。中国也写浪漫爱情的题材，但是不若西方诗歌那么频繁和注重细节。比如，中国诗歌创作技法里使用“赋”，这是细节描写的方法；也用“比”，包括明喻和暗喻；也用“兴”，即使用形象来激发读者的想象。西方诗歌也使用所有的这些文学技巧。

《诗经》中几首诗引起了我的注意。第一首是《河广》。这首诗问了这样一个问题：“谁说河宽？”诗里说如果有心渡河，河流就没有看起来那么宽。我的理解是世上无难事，如果一个人下决心做什么事情，事情就能办到；没有不能克服的障碍。我对这一点很有同感。这正是我看重的价值，是我生活的准则。我的生活中多次出现追求理想的拦路虎，最后都由于达到目标的意志，克服了困难。（《诗经·卫风·河广》，谁谓河广？一苇杭之。谁谓宋远？跂予望之。谁谓河广？曾不容刀，谁谓宋远？曾不崇朝。）

另外一首诗《相鼠》也很有趣。这首诗歌将人同老鼠相比。作者认为肮脏的老鼠至少还有点什么价值，但是如果一个人举止无行、对人无礼，就该去死。我觉得这首诗有意思的地方在于它语气尖刻严峻。这首诗让我想起中国古代儒家的基本价值。在中国古代，如果一个人不学习孔子的思想，就不被看作有道德有教养的人。我不觉得作者真的认为一个人缺乏礼仪就应该死去，而是在强调礼仪和修养的价值，离开了这些，一个人就没有什么生命价值了。（《诗经·国风·相鼠》，相鼠有皮，人而无仪。人而无仪，不死何为！相鼠有齿，人而无止。人而无止，不死何俟！相鼠有体，人而无礼。人而无礼，胡不遄死！）

《君子于役》也是让我十分感动的一首诗。这首诗讲的是一个农妇怀念从军的丈夫。诗中描述天色将晚，农妇注意到家禽牛羊都回到家里栖息，从而想到自己身在远方的丈夫。她不知道他何时会回到家中，何时才能再见到他。我觉得这首诗充满真实的情感。我还没有结婚。这首诗中流溢出的感情使我能够容易地设身处地，理解作为妻子对丈夫的殷殷思念之情。我由此想到现在所有丈夫在海外服役的妻子们，不能确知什么时候才能见到自己的丈夫，这日子是多么难啊！这首诗生动地显示了中国古诗中人性的丰富。

我最喜欢中国诗歌平易近人的特点，一首诗很容易就会让读者进入其中。中国古诗富有人情味，甚至常常非常个人化。读中国诗歌，很容易就能了解作者所感到的或是作者试图在诗中传达的思想感情。中国诗歌确实展示了中国人性格中理智的和哲学的层面。

摽 有 梅

杰西·弗洛雷斯　Jesse Flores（2012 年春季）

摽有梅，其实七兮！求我庶士，迨其吉兮！摽有梅，其实三兮！求我庶士，迨其今兮！摽有梅，顷筐塈之！求我庶士，迨其谓之！

《国风·召南·摽有梅》

《摽有梅》这首诗被贴切地翻译为“树上的梅子在掉落”，讲的是一个年轻女子等不及男子向她求爱。诗中使用了大量的委婉语，我猜想是用梅树来比喻妇女的生殖力。她说“正当时”，这时候树上结着七个梅子，也就是女子暗示她生命中的最好时段。随着树上的梅子逐渐掉落减少，这位妇女也变得越来越急于吸引到合适的男子。

这首诗的内容和表达方式极其不一般，它将诗中女主角刻画为极其开放、不忌讳性话题的妇女，盼望男子前来求爱。即使按照今天的标准，这首诗激起了我的感想，它将一类只是对满足身体欲望而对男人感兴趣的妇女类型化了。即使在现在的社会，这样的女子会被标以“荡女”而加以蔑视。这让我想到在保守的古代中国，男人和女人读到这样的诗歌是如何感想的？

第四章　教《论语》的体会

由于美国学生缺乏对中国传统思想的了解，在美国大学里教授儒家思想，应针对这一情形做相应的教学设计，才能获得较好的教学效果。可以考虑从四个方面进行教学：一是将孔子的思想特点与苏格拉底的思想和基督教观念进行简略的对比；二是简介先秦历史背景；三是引导学生把握儒家核心观念；四是联系美国社会生活实际，学习《论语》内容。

一、教学设计

在美国大学教授《论语》，比起教授抽象深奥的哲学读本《周易》和《道德经》来相对容易。一个可以理解的原因是儒家的社会政治理论，植根于道德伦理体系之中，具有实在的人性和社会实践基础，即使文化背景不同，学生理解并不特别困难。虽然是通过英译文本进行学习，只要教学方法设计具有针对性，运用文化比较和联系实际社会生活的方法，在已有的知识积累的基础上接受新的知识，学生也能够理解儒家思想。我们的教学实践显示，美国大学生大多喜欢孔子言简意赅的思想表达方式，能够理解孔子关于良知和道德的观点。《论语》中的不少内容，十分接近西方古代哲人先贤的格言警句，部分成长于西方文化氛围里的学生甚至对其产生久别重逢的亲切感。

美国大学生成长于完全不同的文化传统，教学的设计，要考虑到西方历史同中国传统文化的显著差异。采用循序渐进的方法，运用文化比较的方法建立知识的参照点，介绍历史背景，帮助学生理解、把握儒家核心观念，结合美国社会生活中的实际问题研讨中国典籍，就能取得比较理想的教学效果。

美国高中历史教师的专业知识多半集中在西方历史文化方面，对于东方国家的历史传统，了解极为有限，在高中历史教学中，关于东方文化的内容，只能做浅近的介绍。由于在高中阶段只接触过内容简单的中国历史知识，大多数美国学生除了仅仅知道孔夫子是中国有名的思想家之外，很少有人了解儒家思想的具体内容和孔子对中国乃至东亚社会久远深刻的影响。

二、苏格拉底、耶稣和孔子

通过简略对比东西方思想奠基者的思想特点入手，学生可以从较为熟悉的内容里形成思想的参照点。在已知的和未知的知识之间，搭建桥梁。这就拉近了学生与所要学习的陌生文本的心理距离。在一个陌生的文化传统与自身所处的文化传统之间建立了一些较为感性的联系，对古代中国的思想，就减少了一些隔膜感。这样的方法能够激发学习兴趣，启发学生思考。比如，引导学生将孔子思想和古希腊哲学家苏格拉底的观念进行对比：两位思想领袖的共同点是都矢志献身于建立和平和公正的社会，都强调个人应该努力争取过一种有意义的生活；两人也都注重理性思考。在归纳总结主要的思想之外，还可以指出一些学生比较熟悉的现象，比如在西方教育中教师注重培养学生独立思考的习惯和分析能力，在课堂上经常向学生提出问题。这个教育传统来自于苏格拉底的思想和教育方法（Socratic Inquiries）。孔子也同样注重学生提出问题，但孔子的教学方法却是要求学生自己积极思考并且主动向老师提出问题，教师本人并不经常向学生提出问题。这个教学方法被概括为："不愤不启，不悱不发。"比较东西方两位哲人的教育方法，可以看出东西方教育理念的相同和差异，也显示了两者之间的互补性质。

儒家思想的核心观念是"仁爱"。为帮助学生理解这一重要思想，可以将其同基督教的核心观念"爱上帝，爱邻居"的信仰进行一些大致的对比，指出"仁"是一个人内心天生的温情，经过家庭亲情培育成长对他人的关爱心；而基督教"爱"的观念具有强烈的超越性的宗教内涵。

通过这样简明的比较，引导学生注意西方伦理具有的宗教背景和儒家伦理中浓厚的人伦特色。

三、历史背景介绍

在进入学习《论语》内容之前，应该给学生提供背景知识，对春秋时期的历史和孔子的生平作大致的介绍。春秋时期社会政治的混乱不安，激发了孔子建立和平社会的理想。这一目标是孔子一生为人做事的最根本动力。春秋乱世，诸侯争夺权力，礼崩乐坏。孔子为结束各国战争，寻求一条消弭人间冲突，建立和平稳定的社会的方法，并为此做出了一生的努力。孔子 54 岁开始长达 14 年的周游列国，试图说服各国的当政者，接受儒家仁治思想，未获得成功，回到家乡编订儒家重要典籍，办学校培养人才，成为影响所有后世中国人和东亚文明的最重要思想家。

历史背景介绍能够使学生获得一个对中国春秋时期社会状况轮廓性的认识，帮助学生了解孔子生活的时代和他面对的重大问题。这对进一步理解儒家思想传统提供了必要的背景知识。学生会认识到尽管东西方文化传统差异巨大，但各个古代社会都曾经面临相似的问题，产生过类似的思考，提出过不同的对应之道，因此形成了不同的思想传统。在这样的认识基础上，再引导学生学习儒家的核心观念，就能帮助学生认识儒家的思想基本框架和原则。

四、儒家的核心观念

所有伟大久远的思想系统，其思想体系都内涵在一些基础性、架构性的观念之中（Conceptive Frameworks）。理解并把握这些核心的观念，学生就对这一思想系统的整体概貌获得了相当的了解，为进一步学习打下了基础。

学习儒家思想，如同学习其他伟大的思想系统一样，了解其最基本、最核心的观念，是必不可少的一个学习环节。学生对一个伟大思想系统的核心观念有所认识，就在一定的程度上理解了这个思想传统。儒家的一组核心观念是“仁、义、礼、智、信”和“孝悌”。

1.“仁”

儒家思想最为核心的观念是“仁”。其他的几个重要观念，都是建立在“仁”这个核心观念的基础之上的。由于其丰富深刻的内涵和东西方文字在表达上的差异，出现了多种“仁”的英文翻译：humanity，humanness，human-heartedness，compassion and love 等。这些英文词的内涵具有对人的慈爱、爱心、同情心等。如果仅仅将“仁”译作“love”（爱），就容易同其他思想系统的“爱”的观念相混淆，致使“仁”的丰富内涵隐晦不明。比如基督教的“love”（爱），固然也具有儒家的“仁”的含义，但有一个重要的宗教内涵（对上帝的爱）。基督教的核心观念是“爱上帝，爱你的邻居”。先是爱上帝，然后才是爱邻居；从前者推出后者；前者是后者的基础。“爱上帝”是基督教最核心的观念。这个观念中含有极强的宗教超越意味，以一个人格化的、外在的万物创造者来约束和管理人，管理人间所有的一切。“爱邻居”是人伦，即理想的人际关系，一个人对同类应取的态度。基督教的人间伦理是建立在“爱上帝”的宗教信仰这一基础之上的。儒家的“仁”，所投射的对象主要是人，自己的同类，即将内心天生的关爱之心投射到其他人身上，由近及远；从家庭成员开始，逐渐推及更广大的人群。比起“爱上帝”的基督教观念，儒家的“仁”更为人间化，但缺少宗教的维度。这个观念源于儒家人性向善的思想。

2.“义”

“义”的英译也有几种：一般译为：“justice”，“properness”，“appropriateness”，这些英译的中文对应词为“正义”、“适当”、“合适”。如同很多意义抽象的词语，“义”也是一个不容易定义的词。“justice”除了一般的含义“公正无私”之外，也容易等同于基督教的“正义”的观念。在儒家的语境中，“义”也被解释为“宜”，就是适当的意思。这个观念可以被理解为“在特定的场合中做适当的事情”。按照这样的解释，“适当”这个词就内含一个对情景的要求，即在何种情况下为“适当”。也就是需要一个更为根本性的道德标准作为衡量“适当”的判别基础。

现实生活中，不少价值观是相互矛盾的，甚至是冲突的。何为“义”(适当)？如何来确定价值？必须有更为根本性的价值来作为判断的基础。因此，“仁”决定“义”的价值。“适当”依存于“仁”，即从“仁”的根本立场出发，来决定采取什么样的态度是适当的。例如：有人辩难孟子，说儒家讲男女授受不亲，是“礼”的严格规定。那么，嫂子掉进水里小叔子该不该伸手救嫂子？孟子回答：“如果嫂子掉进水里小叔子不伸手相救就是豺狼。男女授受不亲是礼，伸出手救嫂子是权变。”[①] 孟子的“权变”字面上是灵活处理的意思，其内涵就是在特定的情形下依据“义”（适当）的规定采取行动。嫂子掉进水里，人命关天，这个特殊时候就要按照“仁”（对他人的关爱）的原则出发，采取合乎“仁”的行动，伸出援手，不拘于“礼”的束缚，这就是“义”(适当)。

应该在教学中给学生指出“义”这个儒家观念中的“适当”这一个重要内涵，以及“义”和“仁”的关系。这样就能帮助学生认识到儒家思想区别于其他思想系统的独特之处。

3. “礼”

“礼”无疑是儒家一个非常重要的观念和制度。中国文化被称为礼乐文化，这个制度是从周朝建立就开始发展的。中国传统文化的外观，就是礼乐制度。“礼”的英译也有数种：“manners”，“etiquette”，“rituals”和“observance of rites”，中文对应的词语是“行为方式”、“礼节”和“仪式”。儒家文化的一大特色是宗教氛围不浓。也可能儒家用“礼制”作为宗教信仰的代替品，因此对“礼”极其重视。儒家制定了一套繁琐复杂的“礼”的制度来规范人际关系和人的行为方式。千百年来，“礼制”模塑了中国人的心理，其影响覆盖整个东亚地区。

“礼”根据人的社会身份的尊卑贵贱来规范人际关系，有“区分”的

---

① 《孟子·离娄上》，“淳于髡曰：‘男女授受不亲，礼与？’孟子曰：‘礼也。’曰：‘嫂溺，则援之以手乎？’曰‘嫂溺不援，是豺狼也。男女授受不亲，礼也；嫂溺援之以手者，权也’。”

功用。但仅仅将人群按照阶级、年龄、性别和地位区分开来，社会难以运作，还需要“联合”的功能。“乐”是对“理”的补充。音乐具有联结和团结的功用，能在感情层面影响人的深层次心理，求得群体生活的和谐。

尽管“礼乐”制度如此重要，但“礼制”是对行为的规范，属于外部的、社会加之于人的规则，必须有更深更广的人性价值来作为支撑，这又必须回到“仁”这一根本性的观念。

教学中应当给学生指出：“礼”这个观念代表的制度和实践效果无疑是独特的中国文化的现象。相比于其他的核心观念，“礼”的观念最具有中国特色，这个观念和制度将中国文化和其他古老文明区分开来。

4.“智”

“智”是指智慧、理性和学习，英译为“wisdom”和“learning”。儒家属于价值理性的思想传统，注重通过思考和学习理解世界。儒家指的学习，主要集中在个体通过主观努力形成道德意识的提升，通过思考自身、他人和社会成员之间的关系，求得个体对物质生活、感情、心理、道德等精神生活需求的满足，取得内心平和安宁，形成少冲突的社会群体生活。这些观念深深地植根于中国人的心里。两千多年后的今天，现代中国人仍然将学习和教育作为人生的主要价值取向。

教学中可以联系华人对教育的重视，比如华人家长特别注重对学区的选择和重视孩子的课外补习，愿意花费更多的时间和金钱帮助孩子掌握课业和学习各种知识技能。这些华人群体明显的行为特征显示了儒家“智”的观念对中国人深远的影响。

5.“信”

“信”被译为英文的“trustworthiness”和“integrity”，其意义是值得信任的品质、诚实和忠诚。儒家将“信”作为个体的道德品质的底线。这个观念的内涵不难理解，因为这是一个普遍性的超文化的观念，任何一个文明系统都将诚实和忠诚作为个人最重要价值标准。学生很容易理解这一观念。

在以上讨论的五个儒家核心观念中，“仁”、“义”和“信”，属于普遍性观念，尽管“仁”和“义”含有中国特有“人情”和“合适”的特色，别的文化也或多或少具有类似的观念。“礼”无疑是最富有中国特色的一个文化观念。如果说西方文明的伦理道德的规范系统是宗教伦理的话，中国的规范系统就是“礼制”，一个特别人间化的伦理传统。“智”的观念虽然不及“礼”那么富有中国特色，但其突出价值理性的意义也很重要，显示了儒家注重理性思考的特色。

总起来说，五个核心观念中，“礼”是最富有中国特色的文化设计。五个核心观念，是一组儒家的基础性观念，整个儒家的思想系统就建立在这个五个观念之上，即作为每一个人所应遵循的为人处世的根本性准则。

6.“孝悌”

“仁、义、礼、智、信”是儒家对作为社会人的个体伦理行为的准则。在家庭内部人际关系中，“孝悌”却是最重要的观念。“孝”是指儿女对父母尊敬、关爱和遵从，即为人子女的伦理要求。“悌”的含义是敬爱和顺从兄长。“孝”的英文翻译为“filial piety”，含义为子女对父母的虔敬、关爱和顺从，但“悌”的含义就难于在英文中找到一个对等的词来翻译。

“孝悌”是儒家以家庭为最初的伦理社会化单位所遵循的原则，在人幼小的时候以家庭亲情熏陶的方式培养道德伦理。儒家思想传统的基础是数千年的农耕社会血缘家族制度，家庭被视为最重要的、基础的社会单元；家庭是培养社会化人格的第一所学校。

“孝”的前两个内涵，对父母和长辈的尊重和关爱，同样属于所有文明传统中子女对父母应有的态度，因此不难被西方人所了解。关心父母、尽心照顾父母是积极的观念，但是“孝”的观念中内涵的“服从”，即遵从父母意愿放弃自己的个人权利就属于消极的影响。这个消极影响在儒家传统中也很突出。

儒家出于维护社会稳定的理论，致力于培养和平温和、尊重既定社会次序的人。培养的主要环境是家庭，方法是孝悌伦理。其基本思想逻辑是：如果人人都接受尊重长上的家庭教育，学会孝顺父母，友爱兄弟姐妹，这个人就是一个合格的伦理人。

儒家对“孝顺”的重视来自于儒家想要达到培养“君子”的理想人格。儒家最注重的是道德的培养，或者说是人的道德意识的养成。这个道德意识的培养过程，不是单调的说理和观念的灌输，而是建立在家庭亲情，特别是幼小的儿童对父母的天然的依恋亲情，爱父母，听父母的话，不违抗父母的意志，这也是对传统的尊重，对权威的尊重。从人最初、最基本、最自然的爱心，培养出服从的意识。然后将这个关系推演到同其他人的人际关系上去，基本上以年龄和性别为判别两者之间关系定位的标准。年纪小的要尊重和服从年纪大一点的人，这显然同农业社会里注重传统的要求相联系。根据年龄决定关系的尊卑，这显然就有了一种次序（order）。这个次序显然成为后人对权威的尊重和服从的预演和初次学习，是一个习惯养成的心理基础。妇女在社会生活中被排除在重要的领域之外，自然在家庭生活中从小就被灌输了双重的服从：对年长的服从和对男性的服从。这样，在家庭中，在实际的小事情上面，一个小孩在他的成长期，即耳濡目染、潜移默化地养成了孝顺和尊重长者（权威的另外一个形式）的习惯，每一个人都是在这样的文化氛围中成长的。从另外一面来看，还有一个年长者对年幼者的态度问题，其基本原则是慈爱、呵护和指导，而不是冷漠、严厉和命令。至于男性对女性的态度，则更为复杂一些。

人若在人生最初阶段通过自然的家庭亲情发展出平和、友爱、温顺的人格特质，就容易建立健康的道德价值观，成长为富有道德意识的个人。这样的人会出自内心遵守社会道德习俗。如果众多的社会成员都以这样的方式培养出来，遵循的行为准则为温良恭俭让，最终就会形成一个比较和平的社会。换句话说，这个伦理体系的伦理逻辑清晰简明：一个在家里孝顺父母的儿子，一个尊重兄长的弟弟，最有可能成长为一个有爱心的丈夫和慈爱的父亲。进入社会之后，这样的人就会遵法守纪，服从上级，忠于君主，不容易成为一个反叛权威、破坏社会既有次序的人。依照这样的思路，家庭教育、家庭生活就同社会生活的稳定和有序连接到一起，家庭成为第一所道德学校，社会的和谐就有了基础和保障。

儒家的伦理是建立在家族血缘亲情基础之上，按照爱有差别的框架来执行的，即从爱自己的父母兄弟开始，推及亲戚朋友，然后同族和乡亲，再推及范围更大的人群。个人的行为规范，是依据双向满足的互惠原则来制定的，即所谓的“子孝父慈，兄友弟恭”和“礼尚往来”等。这样的伦理强调个人行为符合环境要求。这种人际关系的认知和感情归属，在幼年时期就逐步养成；从幼年时候最亲密的家庭人际关系出发，将亲情的范围逐步扩大到家族，再到乡亲邻里，最后推广到整个社会。这个思想系统是建立在“家”的基础上，再扩大到社会，依附的社会实体是家族血缘集团。中国传统社会的政治社会思想，是家庭伦理的扩大和延伸，是家－国同构的产物。

这种强调统外部环境要求的和谐，确实对人的个人主体意识有压抑的作用，因为它在更多的情况下要求服从规范和权威。这样的伦理思想，多半是从集体的稳定生活次序的追求出发设计并且逐步完善的。中国人在个人的主体意识方面，在发明创造能力方面，在个人权利维护方面显得比较弱，确实同这个伦理传统有很大的关系。

儒家的伦理思想，就在人最基本的人际亲情之上，培养同环境的和谐关系。这种伦理框架有优点，也有缺点。优点是心理稳定，不是只想自己，而是更多地关注到别人的存在；缺点是对权威过于尊崇，因循守旧，比较缺乏主体意识，缺乏维护自身权利的认识。

教学中应该给学生指出：类似于“礼”、“孝悌”观念也是儒家思想系统的一个独有的观念；“礼”和“孝悌”观念的影响使中国古代社会形成一个独特的文化系统。

同时，也应当告诉学生，如同其他伟大的文明系统一样，儒家的传统，也是优点和缺点并存的。儒家有追求和平的群体生活这个优点，也存在着对个体意识和权利的限制过度的缺点。传统中国在个人主体意识和个人权利维护方面显得比较薄弱，这个现象与规范性很强的儒家伦理传统对个体思想和行为具有巨大的约束力有很大的关系。传统人格过于服从权威，缺乏独立思考，与儒家要求服从规范和权威有关。教师在教学中应当引导学生思考一个思想系统产生的积极和消极两个方面的成分，这样才能帮助学生更全面地理解一个传统文化。

在了解儒家核心观念的基础上，结合美国实际的社会生活来学习儒家的重要著作，就能做到理论结合实际，有的放矢。学生在学习一个新的思想传统时候，获得一个新的思想参照点，从新的视角来思考美国的社会问题。比如结合美国的法制社会，比较中国传统社会里以伦理的礼乐思想来管理社会的方式，显示出中国和美国两种不同文化传统各自鲜明的特点。联系美国当代社会实际的学习，学生能够更好地理解儒家政治和社会理论产生的根源和对中国社会的深刻影响。

大致了解了古代中国的时代背景和儒家的核心观念之后，再开始学习《论语》，就不难理解《论语》简短精练而又意义深刻的孔子语录了。

五、《论语·为政》

“为政以德，譬如北辰，居其所而众星共之。”

“Governing by the light of one’s conscience is like the pole star which dwells in its place, and the other stars fulfill their functions respectfully. …”①

这个翻译比较准确。“德”翻译为“conscience”（良知）。孔子讲的是“德政”，是相对于暴政和法制两种政治制度来讲的。孔子的理想是统治者以身作则，从君主开始，树立道德良知的模范。当一个道德的君主居于中心的位置，其他的官员在他的影响下，以良知行事，恪尽职守，就形成一个廉洁公正的政府。

我们在上课时将现代法制同孔子的德政思想进行了对比，问了学生一个问题：“依靠良知还是法制来治理社会，哪一个更为有效？”学生中多数回答良知更重要。学生这样回答可能是因为2008年发生的世界性的金融危机，源于美国金融界的道德崩溃，贪婪是根源。美国政治在很大程度上也沦为利益集团之争。美国社会生活中凸显的一个问题是人们难以把握良知的界限，人和人之间的关怀大多被实际的利益谋算所替代，所以儒家的“良知”这个词，大学生在当下的社会背景之中听起来很有分量。

那么没有法制行不行呢？讨论的结论是一个如此复杂的现代工商业社会，没有法制将造成社会一团混乱。但反过来说，如果只有法制，没有良知作为人行事的准绳，即使在每个街角站一个警察也难于维护社会的

---

① 本章节选《论语·为政》，英译者为Ezra Pound（艾兹拉·庞德），（Victor H. Mair: The Shorter Columbia Anthology of Traditional Chinese Literature, New York: Columbia University Press, 2000, pp. 17－20.）。庞德是著名美国诗人，1920年代美国意象派运动的领军人物。

秩序。

有的学生提出法律是外部的规定，是对人的行为产生约束力的规范；依据良知行事，则是从内心出发，每个人在内心认识到并乐意这样行动的原则，发自内心和源于外部的规范力量不一样。我们的结论是中国古代是农业社会，结构简单，以德治为主，法律为辅，也就可以大致管理好一个社会，现代社会的结构和运作极其复杂，只有依靠法制同时辅以良知，才能达到比较好的社会治理。比如近年来加利福尼亚州由于对犯罪采用比其他州更为严厉的法律制裁政策，称为“三振出局”，一个人如果犯了三次法，不管犯的是大法还是小法，就是偷了几包香烟也一样。犯法三次就会被永久关进监狱，不得假释。但是执行严刑峻法的结果是监狱人满为患，监狱满员超过百分之三百。州政府在经济压力之下只好提前放出部分犯人，但又造成威胁社会安全的负面因素，形成两难局面。美国有一个长期一直兴旺的特殊建筑行业——建造监狱，因为监狱的数量永远不够用，建造监狱的速度比不上罪犯增加的速度。这个现象说明从内心发出的良知和道德力量极其重要，仅仅有法制并不能保障人们生活在一个安全的社会。

孔子讲政治统治者必须具有良知，但这只是一个方面；另外还要靠“礼”（rites）。我们同意“良知”是每个人都有的东西，但是，一个浅显的问题是怎么社会上还有那么多的罪犯呢？这些人良知到哪里去了？一般的回答是这些人迷失了方向，被欲望引入了罪恶的深渊。

儒家认为人具有良知的“基础”，每个人都有；但只是“基础”，并不是天生就齐备。用孟子的话来说，就是“端”，就是源头的意思。我们可以将其理解为植物的“种子”。但是，种子虽然具备了一种植物的一切基因，但还必须要有一些外部的条件配合才能发芽，开花，结果。“礼”如同法律，属于外部的行为规范，是要人遵从的。“礼”和法律一样，都是要求人按一定的方式在社会上和人互动。“礼”有两个方面，一是传统的待人接物礼节；二是祭祀的典礼。这二者又是相连的，都属于外部的行为规范，经过长期的耳濡目染形成，身体力行，逐渐内化为一种心理的习惯，再转而对自身行为起到一种自我规范的节制作用。

子曰：“诗三百，一言以蔽之，曰：‘思无邪。’”

The Master said, “In the Book of Poetry are three hundred pieces, but the design of them all may be embraced in one sentence ‘Having no depraved thoughts.'"

有学生问"depraved"这个词怎么解释。这个英文单词的含义是道德上不好、偏离正道的意思。孔子对《诗三百》的总评价是"思无邪"，就是说《诗经》在道德上是健康的、无邪的，所以他才把《诗经》作为重要的教材。我们以前提出过为什么孔子要将《诗经》作为教材的问题。《诗经》的《国风》160首诗歌里，有大量的爱情诗。为何孔子如此关心人心世道的救治，一心维护道德伦理，却将浪漫的爱情诗篇作为基本教材来授课？孔子这样做的目的是什么？我们告诉学生中国的学者几千年来很少探讨这个问题。有学生回答说爱情是人生的重要经验，特别对年轻人来说是这样。孔子可能是认为应当从人性出发，从对人关系最深的经验出发来教育人。对于爱情，要养成健康美好的感情，以适当的方法去追求爱情。

"道之以政，齐之于刑，民免而无耻；道之以德，齐之以礼，有耻且格。"

"If in governing you try to keep things leveled off in order by punishments, the people will shamelessly, dodge. Governing them by looking straight into one's heart and then acting on it (on conscience) and keeping order by the rites, their sense of shame will bring them not only to an external conformity but to an organic order."

美国的学生中有相当数量的人对孔子的观点产生共鸣。如果是中国的大学生，可能更倾向于法制的重要性，更乐意听到强调法律重要性的话语。美国是法制社会，但是这样的社会也有很多问题。集中到一点来说，就是部分社会成员缺乏良知，利用法律来获取私利。美国有各种各样严重的社会问题，如偷窃、吸毒、抢劫、枪击、谋杀，这些都同人丧失个人的良知有关系。抛开具体社会的问题，任何社会的正常运转，还是得依靠大多数社会成员的道德良知，这一点是跨文明、跨文化的。我们平常说的"道德底线"，就是社会道德良知。孔子强调的就是这一方面，他认为这是一个社会里人们共同和平生活的最重要的根据，仅仅依靠法制和刑法惩罚，无法达到这个目标。

“人而无信，不知其可也。大车无輗，小车无軏，其何以行之哉?”

“Men don’t keep their word. I don’t know what can be done for them: a great cart without a wagon-pole, a small cart and no place to hitch the traces.”

“诚”和“信”是儒家的重要价值观念，是个体的伦理基础。这两个观念的反面是不诚实和虚伪。任何道德伦理系统和宗教都极其重视诚信这个观念。对于儒家这样的世俗性比较强的伦理系统，主要是依靠源自人内心的良知来行事，诚信观念的价值分量就更重。儒家强调从本心出发爱人，如果对人虚假不实的话，就是抛弃了本心，这样的人，起步就走偏了，其他的伦理价值，就失去了附着的基础。儒家强调提高自身的修养，“诚”和“信”是修养过程的基石。失掉了基础，不道德的渊薮就敞开了。

“诚”和“信”是儒家思想的关键性概念。“诚”又是“信”的基础。“诚”就是“真诚”，就是“真”。这个观念的重要性可以说和“仁”不相上下。两者都是先天的本性、本心。两者相较，可能“真”还更具有完整的原初性质。“仁”比“真”的含义有着更多的社会性。“真”比较容易了解，有更多的直观性。“真”就是一个人想什么，感觉什么，就说什么，内心所感的、所认定的，就按照原样表达出来。显然，伦理哲学，讲的是内心的价值认定。如果没有了“真”，那整个伦理系统就失掉了基础，就全都落空了。

“真”除了在社会交往中对别人显示的是自己的本来面目，还有一个含义是对自己也要“真诚”。对自己“真”是对别人“真”的基础和出发点。对自己真有两种形式：一是平时按照自己不自觉的、不怎么意识到的良知行事待人，在面对价值矛盾的时候，不违背、压制自己的良知，去做良心上会产生负疚感的事情；第二种是经常进行自我分析，试图理解自己的心理和感情。后一种形式对人有着更高的要求。

宗教建立在对神的敬畏和归依这一观念之上，人放弃自己的一些判断和分析，将这部分努力交给想象中的神去安排。儒家的伦理思想系统，缺乏至高无上的神的观念来监管人的道德良心，只有以“真”，人心的初始存在状态来作为做伦理的基础。所以孟子强调“慎独”，提出“三省吾身”，每天独处的时候都要反省自己，每日所行之事是否违背良知。

子曰：“吾十有五而志于学，三十而立，四十而不惑，五十而知天命，六十而耳顺，七十而从心所欲，不逾矩。”

The Master said, “At fifteen, I had my mind bent on learning. At thirty, I stood firm. At forty, I had no doubts. At fifty, I knew the decrees of Heaven. At sixty, my ear was an obedient organ for the reception of truth. At seventy, I could follow what my heart desired, without transgressing what was right.”

这是一篇孔子的简短自传，是一篇很重要的了解孔子的对社会，还有宇宙天地和自己的关系的声明性质的文字。“十有五而志于学”是很容易了解的事实性的思想，其中有趣的是孔子似乎启蒙得比较晚，到了青春期才立下志向读书学习。当然其中的一个很积极的信息是不见得影响人类心灵的圣人是天生的，而是后天学成的，有的懂事还很晚。这句话听起来很亲切，一下子拉近了孔子同他的听众的距离。下一句“三十而立”，这句话中的“立”是什么意思呢？是学问上有所确定，建立一定的根据呢？还是社会上有了一个确定的位置和名气，甚至成家了，自立门户了。

“四十而不惑”，英文译文是“At forty, I had no doubts.”中英文在意思上大致相当，但是无论是“不惑”或者“doubts”都没有给出范围。这是孔子的简短深刻的语言风格，也是中国古文常见的表达方式。看来中国古人说话写文章都是故意采用这种形式简短但含义深长，且所指在意义范围上不明确的表达形式。这样做的目的是在搞玄学吗？不一定。那么，为什么不明确地讲出来呢？也许有一种可能性，就是古人们想用这样的方法让听者开动脑子想，也就是我的话里的含义可能指不同的方位，也可能有不同的层次，你只有动脑筋自己去想，才会有收获。这种含有很大模糊性的表达方法，一个看得出来的好处是可适合不同的听众和读者。作为听的人，听到的是很明确的事实性的信息，脑子里一般是不会很认真地对待的；但是如果听到这种措辞简短，但含义朦胧又似乎有深意的表达方式，多半会停下来思索一下的。问题在于思索的深度。这显然同听者当时的思想认识深度有关系，换句话说，不同的人会产生有差异的理解。还有，即使是同一个人，在他不同的人生阶段，对同一句话会有不同的理解。

有一点是肯定的：孔子的话语里含有很多朦胧的成分。从这一点引出了一个新的问题：孔子这样做的目的是什么？是中国古代思想家在表达思想的时候，就认为思想表达的朦胧性质和生活本身具有的朦胧性是一致的吗？还是这样的表达方法是一种修辞手段，目的是让听众和读者开动脑筋，结合自己的生活经验去思考呢？

“五十而知天命”（At fifty，I knew the degrees of Heaven.）英文里翻译作“天的命令”是准确的。这里的一个问题是这个“天命”是指天对谁的命令。从上下文来看，是指天对孔子本人的命令。字面意思不难理解，到了五十岁，我了解我生在世上能够（也包括应当）做什么事情，这是天给我定下来的。哪些事情我做不了，哪些事情我可以通过努力做好，完成天给我的安排。

孔子的简短自传中，最不容易了解的是“天命”（the degrees of Heaven）这个词。这个词内涵很丰富，可以延伸，属于那种橡皮口袋词汇，你可以放进去各种解释。孔子的基本意思是一个人生到这个世界上来，自有其“使命”，会在社会里执行一个任务。这个任务，是上天安排的，一个人只有在经过很长的生活之后，才理解自己的使命是什么。这是一个不短的过程，这是在经过各种磨难之后对自身存在的深切了解。多数人到了成熟的年纪之后才对自己有所了解，还只是那些具有反思习惯的人才做得到。多数人都是在活到了一定的年纪之后，认识到自身的局限。这个时候多半产生的是生命易逝、青春不再的感伤情绪。当然，对于年轻时就定下了志向，又经过长期努力的人来说，这个时候的发现是明确了自己的选择，去掉多余的，将精神和力量更加集中到一个目的之上。

“六十而耳顺”（At sixty，my ear was an obedient organ for the reception of truth.）“耳顺”这个词看来可以用来支持上面的观点：孔子故意使用一些含义深长但是词义朦胧的词来表达其思想。这简直接近诗的语言特征了，我们见到一个常用的词，但在一个诗句里，它的意思不是指我们平常用的那个意思，虽然两者之间是有联系的。“顺”的含义有顺从、不反对、接受、不抵抗、同一方向的意思。结合另外一个形式接近的词“顺耳”，配合上面提到的这些词的含义去理解，就可以理解为听到不同的看法，或者是批评自己的话语，也不会心里很不舒服，甚至马上跳起来反驳。这里含有由听到和自己的想法相反的意见，首先心里不产生反感。这是一种修养的程度。这个理解，包含有从自己耳朵听到别人对自己的批评意见的反应的意思。也就是说，到了这个年纪，不会在听到不同的意见，或者是批评自己的话语就产生强烈的反感，心里不舒服，甚至以语言进行反驳，实施自我保护。

“耳顺”还含有一个说话者更广阔的胸怀。就是在听到不同意见，甚至反对自己的意见的时候，不仅不心生反感，产生强烈的反驳，而且还理智地分析，肯定其合理性，认为存在不同的意见才是正常的。另外，孔子可以从不同的观点里听出这个观点的来源背景和理论根据。这显然是更深更高的一个认识水平了。

“七十而从心所欲，不逾矩。”到了七十岁，我心里想要做什么，我就做什么。但是我的所作所为不会同外界产生冲突，不会让别人不高兴，因为我修养自己达到了这样一个程度，我完全了解人心和人际关系，没有什么社会上的事物让我搞不清楚，在应对人际关系的时候拿捏不住，像年纪轻的时候，有很多事情不确定。这个时候我想说什么，就说什么，但说出来的话别人听了不会觉得很难听。孔子的意思是到了这个人生阶段，他这个人已经同环境相融合得很好了，知天知地知人，内心没有什么和周围环境冲突，没有抱怨，总是心平气和、高高兴兴，也没有什么不理解的、感到委屈愤愤不平的。到了这样的程度，人的修养就完成了。

孟武伯问孝。子曰：“父母唯其疾之忧。”

Meng Wu Bo asked what filial piety was. The Master said, “Parents are anxious lest their children should be sick.”

孟武伯向孔子问何为孝道。孔子答：“只有在孩子生病时，做父亲和母亲的才会为儿女担忧。”孔子是在换一个角度来回答这个问题。这话原来的意思是平时儿女做的各种事情都很适当，用不着父母操心，自己做自己的事情就行了。只有在生病的时候，这种时候是不由自己控制的，身不由己，如同回到幼儿时期。只有这个时候才需要父母来操心儿女的健康。如果是这样的话，就大大减少了父母的心理负担。这就是真正地爱自己的父母，这就是孝道。

子夏问孝。子曰：“色难。有事，弟子服其劳，有酒食，先生馔，曾是以为孝乎？”

Tsze-hsia asked what filial piety was. The Master said, “The difficulty is with the countenance. If, when their elders have any troublesome affairs, the young take the toil of them, and if, when the young have wine and food, they set them before their elders, is this to be considered filial piety?"

子夏问孝道。孔子说关键在于子女的表情，表情显示心情。如果只是为父母提供食物，没有孝心，不是高高兴兴地去做，就不能算是孝道。孔子的意思表达孝道重在心里的感情，而不是做事的形式。如果给父母提供食物，但心里觉得是负担，不是很高兴地去做，脸上就会显现出来。表情展示内心，孝顺父母，重要的是发自内心，而不仅仅是表面的形式。

子曰："吾与回言终日，不违，如愚。退而省其私，亦足以发，回也不愚。"

The Master said, "I have talked with Hui for a whole day, and he has not made any objection to anything I said, — as if he were stupid. He has retired, and I have examined his conduct when away from me, and found him able to illustrate my teachings. Hui! — He is not stupid."

这句话再次证明了儒家注重一个人的行事远胜过一个人的谈话。孔子判断颜回的智力水平，只根据一条，就是他的行事的情形。

多数情况下，孔子对人的观察是依据"听其言，观其行"。也就是说，孔子运用双重结合鉴定法，用一个人的话语来比照他的行为。如果言行不符，这个人在道德上就破产了，无价值了。一个人在他人的心目中，如果失去了道德，就会被当作不值得交往之人。也就是说，被人当作次等人看待了。另外，孔子还更进一步观察什么事情会促动这个人，什么让他激动？什么让他愉快？作了这些观察之后，就可以大体了解这个人了。孔子的方法是很科学的。比如现代的研究方法，就是采用多重对照方法来确定一个诠释的可信度。在法律诉讼的裁决中，也是采用多重证据法，来确定一件事的可靠程度。

子曰："温故而知新，可以为师矣。"

The Master said, "If a man keeps cherishing his old knowledge, so as continually to be acquiring new, he may be a teacher of others."

重温旧的知识，会产生新的认识，这是每一个人都可能有的生活经验。这是因为读者的理解力提高了,“读”出了以前没有发现的含义。也就是说一本有分量的书不会自动展示其所有含义,这些含义的发现,决定于读者的“眼光”,而读者的眼光是不断增强的,如果这个读者在不断学习思考的话。如果对事物获得了多角度、多层次的了解,这位读者的认识不再是单一层面和单一角度的了,而是多层次、多角度的。这当然是复杂深刻的了解。对事物具有复杂深刻了解的人,当然能够做教师。因为他已经经过了长期的、分阶段的认识过程。他对这方面事物的认识,具有深刻透彻的了解,这样的老师就不再是个停留在照本宣科的程度上教书的人,那样的人叫教书匠,只能讲出学问的浅层次的东西。其实,孔子这句话的意思是学习非得经过温故知新这个过程,没有经过这个过程的人,对事物的认识还只是停留在较浅层次的了解之上。

子曰:“君子不器。”

The Master said, “The accomplished scholar is not a utensil.”

“君子不器”的意思是指在古代农业社会里,需要一批专门从事于确定社会价值,引领群众,影响政治的公共知识分子。这些人不必要去从事专门的一个谋生手艺。如果一个人花太多时间和精力去谋生,去从事具体的某一个专门的手艺技术性工作,这个人就失掉了很多思考大问题的时间。孔子的思想还是很有针对性、很有说服力的。

子贡问君子。子曰:“先行其言而后从之。”

Tsze-kung asked what constituted the superior man. The Master said, “He acts before he speaks, and afterwards speaks according to his actions.”

子贡问什么才能算是君子。孔子说:“君子是先行动,然后自己的言谈符合自己的行动的人。”从这句话看来,孔子将行动看得比言谈更为重要。一个人如果光说不做,照孔子的看法,是无足取的。孔子说:“君子欲纳于言而敏于行。”这句话的意思是君子须说话谨慎小心,但行动则要勤勉积极。后一句和前一句的意思接近,也是强调行动的重要性。

儒家对知识和行动的关系是这样看的:一是少说多做;二是行动比言语重要;三是知道了就要实行;四是没有经过实行检验的知,不是真知。

儒家如此强调行动的重要，可见这不是一个空谈大道理的思想系统。儒家的特点是切入人生、人性，将认知和感情结合起来，从日常生活中总结出伦理原则，所以有人总结为“极高明而道中庸”。

子曰：“君子周而不比，小人比尔不周。”

The Master said: “The superior man is catholic and not partisan. The mean man is partisan and not catholic.”

君子应当是心胸广大，有接纳不同人的气度。道德修养差的人对待人仅仅是看对方和自己的利害关系，有利益关系就亲热，没有就冷淡；对于同自己观点差异大的人，就采取排斥的态度。用英文来讲，就是君子和人相处有大的原则，是按照“universal”的原则；修养差的人则是按照“particular”的标准，仅仅认你给我好处，我给你好处，进行利益交换的方法。

子曰：“学而不思则罔，思而不学则殆。”

The Master said, “Learning without thought is labor lost; thought without learning is perilous.”

只读书不思考，哪怕记住了大量的信息，但没有自己头脑的思考，脑子就会在被动地接受知识的过程中变成了一个单纯的接收器，最后的结果是完全没有形成自己的看法，无法培养出思考的能力，对问题的认识始终是模糊的；反过来，如果只思考不读书，也同样存在着很大的问题。“殆”字有两个基本含义：一是“危险”的意思；二同“怠”，懈怠的意思。若按照前者理解，就有方向错乱、走火入魔的含义；若根据后者的含义，就可解释为只是思考而不读书，就无法知道别人对同一问题的思考，也就失去了思想的启发和交流。正确的方法是思考和阅读结合起来，读到的知识才会真正转化成为自己的知识，因为通过阅读，接纳了知识进了自家的大门，再经过思考对这些知识进行筛选、整理和吸收，最后化成自己知识库中的一部分，有机的一部分。这个时候，这些知识才真正成为自己的知识。孔子似乎对那些经常思考但是不爱读书的人说，这样是没有结果的；同时，他对那些整天读书但不去积极思考所读内容的人说，这样做最后只会造成死读书的书呆子，无法获取真正的知识。

中国的传统文化，与西方文明属于不同的文化系统，到了近代，两个伟大的文明才产生密集的交集和互动。两个文化传统都植根于各自的地理、历史基础之上，显现很大的差异性。文化是生活方式的集中表现，人的观念系统是特定的生活方式和历史的积淀。在应对人类生活的各种困难和问题时，各个文明系统都产生过杰出的思想。在全球化的21世纪，各种文化密集互动，共处于一个“狭小”的地球。从较为狭隘的方面来说，学习了解其他的文化，有利于一个文明的生存；从更大的方面来看，各种文化互相学习对方的长处，才能理解人类的问题所在以及找到共同解决当代迫切问题的集体智慧。东方和西方，只有学习和了解对方的思想，才能和谐共处。运用文化比较的方法，能够帮助学生获得思想参照点；理解一个思想系统的核心概念，是认识该思想系统的重要基础；联系现代社会问题的分析，能够帮助学生更好地理解古代的思想。

六、学生评论

《论语》的力量

卡伦·古拉姆　Kareen Guillaume（2013年春季）

我在这门课中学到的中国文化中最有趣的内容之一是儒家思想。孔子的《论语》提供了了解中华文化思想根基的有用的钥匙。虽然《论语》各章各自表达了独特的思想，但整本书提供了对儒家自上而下的权利架构系统的解释，其思想系统集中点在“孝道”和“仁”这两个最基本的观念上。

不过我不能肯定《论语》是为谁而写，因为这本书宣称具有教育的目的。在《论语》中，孔子说：“有教无类。”根据孔子的这个立场，人们能说这些文本是写出来给所有的人看的。但是，从当时大多数人都不识字的现实来看，这个目标并不现实。

《论语》中的一些思想，同宗教文本有极其的相似性，如同《圣经》一样，《论语》传达了道德教训并且清楚明白地给出生活的准则。另外，《论语》不是由孔子撰写的，而是由他的追随者编成。这同《新约》的《福音书》是在基督的门徒在他死后写就的一样。比较来说，中国这个将孔子思想同一个学者团体联系起来的传统比将一切荣誉归于个人更为合适。

还有，《论语》的一些观念，包括节俭，坚守大道、孝道和仁这些价值意义巨大。坚守这些价值，一个人就能够与整个宇宙和谐相处。不过，这种和谐观念也包含对家庭和国家的完全臣服。在这个意义上，儒家典籍对于大一统政权的合法性的获得是一个极其有用的工具，因政权能够指责异议者破坏社会的和谐。

总括来说，开学至今，两个半月已经过去，我的面前还有很多知识要去学习。我能够自信地说这门课拓宽了我的视野，让我以一个全新的视角看待中国。不过，学期即将结束，我仍然有一些没有回答的问题在心头缭绕。比如，对于中国文化来说，这些儒家文本能对中国文化的解释有多大用处？说明中国人过去是听话的，容易控制的？中国文化是由受过教育的精英塑造的吗？孔子的《论语》肯定给中国人灌输了教育的重要性，数十个世纪来，社会的承认来自于知识成就而不是血缘继承。我在想是否这种内在的修养集中过久，成为一种潜在的对抗因素，即中国长期以来对抗对外部世界开放它的边境？

儒家思想对中国人的影响力

查纳亚·戈德曼 Chananya Goldman（2010 年春季）

不同于古希腊人，孔子的哲学几乎完全集中在道德哲学方面。还有，古希腊人运用逻辑思维作为他们的基本思考框架，孔子哲学却没有。更合适的比较是《圣经》中的传道书和箴言（Ecclesiastes and Proverbs）。比起古希腊人，儒家思想对于《圣经》有着多得多的共同点。

孔子的思想很少引起人们的不同意。我们能指出我们生活中很多例子来说明运用孔子思想能给我们或者我们周围的人很多帮助。

愚公被挡住他家出路的两座山弄得很不高兴。他想和家人一起搬走这两座山的想法遭到了乡人的嘲笑和讽刺。大山最后被“上帝”搬走，愚公的目的达到了。《愚公移山》这个故事的教育意义在于只要一心一意，坚持不懈，哪怕一个决心是如何的不现实和不着边际，一定就能达到目标。

在犹太文学中（公元 1 世纪），一则语录说作为一个学生，他“没有错过教师的任何教诲，就像一条狗在大海边喝水”。换句话说，当一条狗在大海边喝水，我们可以肯定那狗一定不会再感到口渴，因为海水是无边无际的多。所以这个学生说，他的老师具有大海一样宽广丰富的知识，他要尽自己的可能向老师多学知识。就如同这个中国的寓言所用的“巨量”的观念（海洋 = 大山），但是从反面来看：在承认自身的能力无法获取哪怕是一个零头的“巨量”的目的，重要的是能获取多少就争取多少。

在即将毕业的这个学期（化学），回顾过去几年做完成之事，忽然认识到我这几年翻越了一座很大的山。是什么帮助我做到这一切？是敢于对准巨大无比的目标不断努力的勇气，同时享受着每一小个进步的快乐。《愚公移山》是一篇很重要的生活之道理（特别对于年轻人），从它在中国持久不衰的影响力可以看出。

愚公移山

赛思·魏斯　Seth Weiss（2013 年春季）

愚公并不愚蠢，实际上愚公是自己的主人。他知道在他这样一个年纪还去挖掘土石，能够为自己家族后代树立一个榜样。愚公知道他的后代会继续完成他开始的事业，最终将大山变为平地。在这个意义上，愚公移了山；他开启了这个事业。

米歇尔·密卡勒夫斯基　Michelle Mikhalevsky（2013 年春季）

愚公认为他能够削平高山因为山不会再增高，但是他的后代却会不断地生活下去，完成移山的任务。这个故事也与中国人的家庭观念联系在一起了。愚公一丝一毫都不怀疑他的后人会继续他未完成的工作。他不放弃挖山是因为他知道后人一定会接着挖下去，最后那两座山一定会被挖掉的。

卡伦·古拉姆　Karren Guillaume（2013 年春季）

《愚公移山》的主题是信心能移山，一个人心中有了信心就是成功的第一步。愚公的后代会继承他开创的事业，他们的生活会更容易，因为他现在正在为他们将来更好的生活铺路搭桥。

麦丽萨·瓦斯库卡斯　Melissa Vasikauskas（2013 年春季）

智叟认为愚公疯掉了，居然想挖平移走大山。愚公解释了世间时刻在发生很多不可能的事情，比如他的血脉会传给他的后代直至久远。如果他的血缘能传给无法计数的后代，为什么不能挖掉一座山呢？这篇文章意图教诲人们只要有决心，任何事都能成就。对于自己的事情，我们不能让别人的思想和判断来左右我们的思想和判断。你所信仰的事物即使在你离开这个世界之后也会长久存在。这就是为何如果你相信山能够被移走，就存在这个可能性。

第五章　老子哲学的渐进教学方法

道家哲学的认识论是中国人思维方式的基础性架构，其影响体现在中国传统文化的方方面面。道家哲学的最基本特征是辩证思维方式（道和阴阳观念）。由于东西文化方传统属于不同的思想体系，各自主流思想传统的外在表现形式差异巨大。成长在逻辑抽“象”思维、分析性思维氛围中的美国大学生，在刚刚接触道家变化流动的阴阳辩证思想的时候，感到十分难于理解和把握。这一章介绍在美国大学中国经典文化课里教授道家哲学的一种逐步进入的方法：一是从英文常用熟语入手，让学生获得对道家哲学的感性认识；二是介绍“道”和“德”两个核心观念内涵，让学生获得概念性框架结构；三是引导学生了解中国人运用形“象”思维表达深邃哲思的独特思维方法，例如老子使用的“水”、“女性”、“山谷”、“婴儿”等意象；四是最后进入《道德经》文本的学习，由于学生获得了感性的认识并拥有了初步的理性分析工具，原来深奥神秘的中国哲学，就逐渐转变成了可以理解并富有魅力的知识系统了。

一、教学设计

在美国大学教授中国经典文化，很重要的一部分内容是学习了解道家哲学思想。道家思想代表了中国人对世界的哲学认识；学生获得对道家思想基本架构的认识，就如同获得了打开中国文化里的各个领域里的一道道大门的一把钥匙。有了理性分析的工具，学习中国医学、建筑、武术、艺术、军事和政治的各个领域，就会一通百通。

在西方教授道家哲学，不是一件容易的事情。困难的地方在于老庄的思想体系同西方思想系统在形式上存在着巨大的差别。尽管道家哲学思想具有普遍的指导意义，但道家的世界观、思想方法以及其独特的中国表述方式，自成一个思想体系，与其他世界性的思想体系相对而立，有其独特的视角、思维和表述方法。道家这一东方的古老哲学，即使是对受过高等教育的美国学人来讲，也是相当陌生的。

针对这一难点，我们认识到，如果在开始时直接进入道家经典《道德经》文本的学习，必然会让美国学生感到困难重重，一头雾水。必须设计一整套有针对性的教学方法来引导学生逐步深入思考，才可能帮助学生把握道家思想。我们设计的教学步骤是：一是用熟悉的事物来帮助认识陌生的观念，即利用英文里含有道家思想（辩证法思想）的常用语来帮助学生了解道家思想的广泛性，找出一些含有辩证思想的英文常用短语和句子，指出这词语和句子中含有的思想同道家阴阳思想相符，比如："Every cloud has a silver lining"（"每一片乌云都有一道银边"，近似"塞翁失马"）；二是使用中文字源学的方式帮助学生理解道家两个最重要的概念，"道"和"德"的内涵，这样学生就获得了对道家思想系统的架构性概念的初步了解；三是指出中国古代思想家喜爱用意象表达深邃思想的思考方式，分析老子常用的几个重要意象的含义，比如《道德经》中经常出现的水、山谷、雌性和婴儿；四是课前给学生提供一些导读课文的问题，例如：为何老子提倡小国寡民的政治主张并且不赞成人们旅行？五是安排学生做简短的口头报告，谈他们对老子思想的理解，这样做能帮助学生相互启发；六是最后进入课文逐章逐句的讲解和讨论，做到精读所选的课文。

二、日常英文里的道家观念（辩证思想）

1. 动态过程性思考（Thinking in "progression"）

What goes up must come down.（上去的必下来）西方可能多半从地心引力来看，道家的看法是无往不复，圆周运动，离去的还会回来，"大曰逝，逝曰远，远曰反"。物极必反。

Wait and see.（等一等，看一看再说）这是认为情况不明朗，需要时间来观察事情的发展，将事情的变化看作一个过程的思想方法。

Little strokes fell great oaks.（一刀一刀砍倒大橡树）意义接近“千里之堤，溃于蚁穴”，这两句话表达相同的认识，由量变到质变。

Let things fall into place.（等尘埃落定）灰尘慢慢落到地上，是一个过程。

Let it run its course.（让事情走到头）事情的变化，有其内在的各种因素的互动和影响。

Go with the flow.（顺势而动）接近《易经》的“与时俱进”观念。人们发现社会生活中一段时间里有一种以一定方向流动的潮流，这可能是一种时尚，也可能是一种价值观，还可能是一种时代精神。

2. 阴阳辩证思维（Yin-Yang thinking）

Every cloud has a silver lining.（乌云背后有阳光）坏事中有好事，接近“塞翁失马”。道家观念：好中有坏，坏中有好，有阴就有阳，事情都有两面性。

Every coin has two sides.（一个硬币有两面）这句话同上面一句的意思是一样的。

Ups and downs of life.（生活中的起起伏伏）生活中有高潮，也有低潮，事物的发展是一个变化过程。

3. 道无所不在，客观规律（Dao is everywhere）

Read much, but not too many books.（要多阅读，但不要读太多的书。）努力认识道（客观规律），而不是仅仅追求具体知识；学而不思则罔，思而不学则殆。

He does not know what he is talking about.（他不知道自己在谈些什么）对事物缺乏深刻的思考，夸夸其谈。

4. 价值观和生活态度：(Values and Attitudes towards Life)

Simplicity, be contented, following the way of nature.（简朴、满足、遵循自然之道）

Be yourself.（做真实的自己，人当表里如一）

The discontented Man finds no easy chair.（不满足的人在哪里都怨气冲天）

Who is rich? He that rejoices in his portion.（富有的人是容易满足的人）知足常乐。

日常英语当中存在着不少表达了道家观念的短语和句子。引导学生重新思考这些日常用语，指出这些普通的英语习惯用语同道家思想的吻合之处，学生就获得了对道家思想一种感性的认识，消除了不少陌生和神秘感，了解到道家哲学充满于日常生活之中，并不只是一种深奥难解的东方思想。

三、“道”和“德”两个核心概念的内涵

学生通过英语习惯用语获得了对道家的一些感性认识之后，接着给学生介绍道家思想中“道”和“德”这两个核心观念的内在涵义，能够帮助学生把握这一思想系统的基础架构性概念，对下一步的学习会很有帮助。学生如果理解了这两个重要的观念，就基本上把握了道家思想体系的基础理论架构。

“道”和“德”这两个字在道家思想系统中的内涵同中国人常用的“道德”(Morality) 这个词关系很小，后者的含义基本上属于儒家思想系统。在道家思想中，“道”和“德”的含义要宽泛得多。为什么《道德经》的作者要采用这两个字作为道家哲学的最基本的概念呢？从字源学入手，就可以追根溯源，比较直接地进入古人的思想，理解道家使用这两个字所要表达的重要观念。

（金文）　　（小篆）　　（楷体）

“道”的会意字是一个人首和一条道路，其基本含义是人行走在路上。这个字在老子的语境中，主要是指“万事万物遵循的规律”。老子的使用的“道”的概念，有多种英文翻译。“道”最常用的英文译文是“the Way”，用大写的“W”表示这个“道”不再是原来人走的“道路”的意思，而是引申为万物必须遵循的规律，这是一个达意的翻译。

（金文）　　（小篆）　　（楷体）

“德”的原义有“行路，登，升，努力趋前，趋上，用力徙前曰德，得到”。“德”也是个会意字，由道路、一个张大眼睛的人头和一颗心组成。“德”的翻译不那么容易。“德”的英译有：integrity，virtue，character，inner power，excellence 等。其中“inner power”比较价值中立，更为接近道家所赋予“德”的基本含义。“德”表示人的内心，作为天地生成的生命，本身就是“道”的体现，他拥有主体性、主动性；万物都按照“道”变化不居，人也一样，身上充满了发展变化的力量；人如果依道而行，就能焕发自身的潜力，获得自身能达到的最高成就。

中文的同音字之间往往存在着一定的意义联系，“德”的音同“得”，似乎存在着“得到”的含义，即“德”来自于“道”。如果我们将“道”定义为事物的源泉和变化的基本动力，基于《易经》创立的“天、地、人”架构中人是天地结合的产物，“德”就是个人从“道”那里分得的一份“道”。中文中使用“天道”（the Heavenly Dao）和“人道”（Humanly Dao）来表达这个关系。我们可以用“Greater Dao”（大道）和“Minor Dao”（小道）来表达同样的意思。“德”的金铭文“[illegible]”显示古人在造这个字的时候思想很缜密：一只很大的眼睛全神贯注地看着面前的道路，这条道是向上延伸的，如同爬山，登山者不仅眼睛瞪大，还得心无旁骛，一心一意，所以“德”的右边有心的部首，上面还有一横，表示一心做登山这件事。这样的设计，表达了另外一层意义，即人尽管在出生时从天地得到了一份“道”，但这只是开端，是基础。人还必须有自己的努力，这个努力的方向就是提升自己，接近“大道”，与道结合。

“道德经”里的“道”和“德”的更深层次的意义是：一是人的存在和自然的依存关系，二是人本身拥有巨大的发展潜力。人的德性就是天地所赋予的。但是虽然天赋予人德性胚芽，但这个“德”还要经过自身努力才能成长，发扬光大，这就是个人努力向上、修养自身的必要性。

道家思想在世界各个文明中是一个独特的思想系统，它看待世界的视野，对世界形成的理解，都同其他伟大的思想系统很不一样，可以说大异其趣。其他文化系统的人要想了解道家的思想，必须经过一个不小的努力，跨越自身文化系统独特的视野的限制，才能较为深入地理解道家哲学。比如基督教这个古老的世界性宗教，其核心观念就是存在着一个创造一切的人格神。如果不具有开放的视野，至少暂时跳出自身本位文化的思想框架，就不容易获得对“道”和“德”这两个最重要的概念和它们之间的关系的理解，把握住道家思想的关键。

学生了解了“道”和“德”两个核心概念的内涵和相互的关系，就获得了对道家哲学概念架构的初步认识和把握。

四、“女性”、“水”、“溪谷”、“婴儿”等意象的含义

古希腊的哲学家按照抽象的形式逻辑进行思考和推理，使用的基本思想元素是抽象的概念，“具象”被抽掉了。“abstract”这个英文词的原意是“抽出”的意思。这种思想方法使用抽象的概念通过形式严谨的逻辑推理过程展示概念之间的各种关系。老子使用了相当数量的自然形象来表达他的哲学思想。这种方式是相当中国式的，与中国人注重形“象”思维的特点有很大关系。远自3000多年前的《易经》就用了大量的意象来表达深奥的哲学观念。换句话说，中国人以“象”思维为特征的思想方式和西方抽“象”思维的形式逻辑方式之间的差异显示了中西两大文化系统的极为有趣的差异。

老子说：“上善若水。”老子为什么将水的地位看得那么高？他认为

“水”的性质和特点“几近道”，意思是非常接近道了，含有最高的善；他认为，“水”这个人们很熟悉的物质的一些特质能够用来表达“道”这个很抽象的概念的内涵。

老子经常使用这些意象是有其深意的。中国人注重形“象”思维；中文起源于象形文字，文字中仍然保留了由象形文字转化而来的大量意象；中国古典文学，特别是诗歌，充满意象；中国的思想家常用各种意象来表达深邃的思想，“得意忘象”，通过意象这个媒介达到对内涵深刻的概念的理解。道家不十分信任语言传达思想的功能，“道可道，非常道；名可名，非常名。”道家认为，意象能够更深刻地表达出道家的对事物变化规律和复杂性的认识。下面试分析“水”、“雌性”、“溪谷”和“婴儿”这些意象在《道德经》中表达的暗喻性的特质。

1．水

（1）安静（tranquil）。

（2）往低处流（flowing low）。

（3）看上去柔弱（seem soft and gentle）。

（4）无自己的形体（formless）。

（5）滋养万物（loving and nurturing）。

（6）看上去柔弱却坚强，潜藏巨大的毁灭性力量（seem weak but potentially powerful and destructive）。

2．雌性

（1）安静（tranquil）。

（2）非侵略性（non-aggressive）。

（3）看上去比男性柔弱（seem soft and gentle）。

（4）生命创造者（life creator）。

（5）母爱（motherly love，caring and nurturing life）。

（6）保护幼弱的勇气（courage of protecting the young）。

3. 溪谷

（1）地势低（lower path for running water）。

（2）生命的源头（source and fountain of life；山陵为阳，溪谷为阴，水从其出，道生万物）。

（3）女性产道（the birth channel of life；生命的源泉，“无”无孕育“有”）。

4. 婴儿

（1）身体柔软（softness，the beginning stage of life，生命的初期阶段）。

（2）质朴，真实，未受到环境的污染（pure，real and unpolluted，接近道的内涵）。

（3）成长变化（growing strong，充满待发的力量）。

在了解了老子经常使用的重要的意象的内涵之后，理解《道德经》各个章节的意义，困难就会大为减少。老子正是使用这些意象的特点来表达他对世界的观察和得出的认识。教学的时候教师可以在黑板上列出：水、雌性、溪谷、婴儿这些重要意象，然后向学生提问，要他们给出这些意象所具有的各种特点，这样做能帮助学生开动脑筋，积极思维，在学生描述各个意象的特点的时候，他们实际上已经不自觉地进入了老子思维的语境。在这之后进行《道德经》各章的学习，就容易理解老子的思路，产生豁然开朗的感觉。

五、《道德经》文本分析举例

1. 老子的“空无”观

第十一章

三十辐共一毂，当其无，有车之用。埏埴以为器，当其无，有器之用。凿户牖以为室，当其无，有室之用。故有之以为利，无之以为用。

Thirty spokes join in one hub,
In its emptiness, there is the function of a vehicle.
Mix clay to create a container,
In its emptiness, there is the function of a container.
Cut open doors and windows to create a room,
In its emptiness, there is the function of a room.
Therefore, that which exists is used to create benefit;
That which is empty is used to create functionality.

(translated by Derek Lin)

老子用了车轴的空间、陶器的中空和门窗的空间三个例子来解释“有”和“无”的含义和相互的关系。这个“无”不同于西方哲学概念的“无”(Non-being)。老子喜欢空的地方(Hollowness)，原因就在于老子的哲学是辩证哲学、发展哲学。持这样的哲学观点的人，倾向于看到事情的另外一面，他们想象将来的状态，而对目前的现象，并不将其看作不变的事物；就事物处于变化的眼光来看，他们“看空”眼前的现象。老子用了一些很常见到也很重要的生活用品来开启人们辩证思维的角度。车、容器和门窗，同每一个人的生活都相连，“空无”在我们生活中占有多么大的作用啊！

老子用这些生活中的普通的事例来告诉我们一个深刻的道理：“有”和“无”是并存的，缺一不可。但是，世人多半注意的是“有”，因为人的眼睛容易辨别实体，而不去注意看不见的和正在形成的事物。

道家的宇宙观是过程性的，最重要的不是看到现在的“有”，而是预测到下一步要出现的“有”。要做到这一点，就要看到正在从“无”中生出的“有”；或者说正在成长的“有”。“有”和“无”互为条件。如果只看见，只重视“有”，就会忽略“无”，这是我们绝大多数人一直在犯的错误。人们自古以来都太过于重视“有”，一代代付出毕生精力不断追求“有”，缺乏对道的力量的认识，严重的时候甚至伤己害身。

辩证法思维是注重变化过程、认识整体的方法，过程性和动态性是变化的两大特征。这种思想方法更为看重事物被忽视的、被遮盖的、隐蔽不显的另外一面，即“阴”或者“无”。因此，无物的空间，或者说事物发展过程中从“无”到“有”的变化阶段，才是老子视域的焦点。

老子讲的道理很简单，但是多数人很难照着去做。因为多数人是讲眼见为实的。也就是说多数人看事物注重事物的现状，很少具有预见性。预见性无疑是担任指导者和领袖的最重要的一种能力。

2. 对儒家政治伦理的批判

第三十八章

上德不德，是以有德；下德不失德，是以无德。上德无为而无以为；下德无为而有以为。上仁为之而无以为；上义为之而有以为；上礼为之而莫之应，则攘臂而扔之。故失道而后德，失德而后仁，失仁而后义，失义而后礼。夫礼者，忠信之薄，而乱之首。前识者，道之华，而愚之始。是以大丈夫处其厚，不居其薄；处其实，不居其华。故去彼取此。

High virtue is not virtuous,
Therefore it has virtue;
Low virtue never loses virtue,
Therefore it has no virtue.
High virtue takes no contrived action
And acts without agenda;
Low virtue takes contrived action,
And acts with agenda.
High benevolence takes contrived action
And acts without agenda.
High righteousness takes contrived action
And acts with agenda.
High etiquette takes contrived action
And upon encountering no response,
Uses arms to pull others.

Therefore, the Tao is lost, and then virtue;
Virtue is lost, and then benevolence;
Benevolence is lost, and then righteousness;
Righteousness is lost, and then etiquette.
Those who have etiquette,
are a thin shell of loyalty and sincerity
And the beginning of chaos.
Those with foreknowledge
Are the flowers of the Tao,
And the beginning of ignorance.
Therefore the great person:
Abides in substance, and does not dwell on the thin shell;
Abides in the real, and does not dwell on the flower,
Thus they discard that and take this.

(translated by Derek Lin)

老子在这一章中将道家和儒家的政治立场相比较作出评判。他将儒道两家的核心观念作了一个阶梯式的排比，两家观念价值高低，一目了然。对于儒家的立场，老子不是简单地加以攻击。这样做显示出道家的观念并不博大，也无法将道家和儒家基本观念在价值框架中定位。学习这一章，能够帮助学生了解两个伟大的思想传统各个方面的理论上的分歧。

“故失道而后德”，“德”是排在“道”的后面的，这是一个清楚的关系。“道”是最根本的，“德”是人的本性，原初之性，其来源是“道”。“失德而后仁”，“仁”是儒家的最重要的观念，核心观念。“仁”的基本含义是人对人的爱心、同情心、将心比心。这个字中含有“两个人的关系”的含义。老子将“仁”放在“德”之下，可能指“仁”含有后天性、社会性的含义，而“德”是指人的本性，那种未经文明污染的朴实无华的“原初之性”。如果这样理解是对的，那么在人失去了原初之性，人际关系变成了一种争斗的性质，就只能在人群中宣扬“仁”，唤醒人对他人的关爱意识。“仁”心，或者说“爱”心，固然有人性的依据，但仍然需要去唤醒，去认识。

老子认为“仁”的后天成分比较重，不及“德”的原初本性那么本真。“失仁而后义”，“义”是指做事的原则，其正当性和适当性。就儒家来说，这个观念当然是建立在“仁”这个基础核心观念之上的，在“仁”的基础上根据实际情形决定事情是否符合“义”的标准。因此，“义”排在“仁”之后。最后是“礼”，“义失而后礼”。如果处理事情的正当性失去的时候，事情就有大麻烦了。这个时候，为了维持社会基本的次序，只能用形式化的“礼”来强行维持。老子和道家学子最看不起“礼”，每每提到“礼”的时候，总是用含有贬义的词语来描述。为什么老子那么贬低“礼”这个词呢？首先，“礼”是相对于道家思想系统最具冲突性的观念和制度。“礼”是后天灌输进去的一套行为规范，是身份制度的确认，是一套社会化的行为和思想上的限制，是一套繁琐的仪式和制度，对于崇尚以自然为师的道家，“礼”不仅是对人性的摧残，也是造成人性虚伪的温床。

因此，老子认为“礼”是“夫礼者，忠信之薄，而乱之首”。道家认为从外面灌输进去的“礼”的观念，使人失去本真，导致人的虚伪，社会的混乱，就源于此。

我们可以从下面的排列中看出老子将两家的重要观念进行的定位分析：

道家核心观念	儒家核心观念
道	
德	
	仁
	义
	礼

按照老子的政治观念，人的观念遵行“道”，“德”就会得到充分的体现。人以自然为师，同自然一体，人的思想行为、人类的行动原则，都遵行“大道”创造万物和使万物行动的动力，人过的就是一种符合德性的生活。这是一种先天的、自然的、天人合一的和谐，人不需要刻意去学习什么人为制造出来的观念。儒家的一套观念系统，除了最核心的“仁”具备一些本真的人性，“义”和“礼”都是缺乏本真性质的，是没有真实依据的人造的观念。“礼”是属于会腐蚀人心的虚伪教条。道家追求的价

值是原初性的、最真实的、没有虚饰的，直接来自于“天道”的。如果社会维持在这样的社会政治基础上，浑朴自然的生活方式就会让人性得到最大的满足，人间种种冲突，就会偃旗息鼓。

3. 老子的认识论

第四十七章

不出户，知天下；不窥牖，见天道。其出弥远，其知弥少。是以圣人不行而知，不见而名，不为而成。

Without going out the door, know the world;
Without peering out the window, see the Heavenly Tao.
The further one goes,
The less one knows.
Therefore the sage
Knows without going;
Names without seeing;
Achieves without striving.

(translated by Derek Lin)

这一章的中心意义是指人能从自身经验中领悟大道。如果集中注意力思考，能够穿透事物的现象，通过自身的经验深刻地领会大道，在任何地方都可以做到，条件是思考大道的人必须是善思之人。反过来说，一个人不注重对各种生活现象的深思熟虑，即使一个人游历了很多地方，见过很多新奇的事物，他还是不见得能对事物内在变化规律具有深刻的了解。

我们只要稍微思考一下我们的生活现状，我们就不得不承认我们时常被各种假象所蒙蔽；自以为我们看得很清楚，其实不是那么一回事。认识这个世界很难，认识自己好像更难，我们没有办法“客观”地认识自己。所以，无论道家和佛教都非常强调去掉各种“杂念”，就是去掉那些歪曲的思想和观念，直接面对这个世界。道家讲“虚静玄览”。这个词包括两个部分：一是“虚静”，二是“玄览”。“虚静”就是上面讲的擦亮心灵的镜子。如果你的心静下来，呈现一种“虚静”的状态，就是很安宁，想得很远，很开阔的，甚至整个宇宙都在你的视野中，这就是“玄览”。这个时候，你的心境非常安详宁静，你看这个世界也很清楚。

正是因为老子以如此广博的胸怀和冷静的思考来面对这个世界，他发现了这个世界的各种现象都是依照一定的规律。所以，如果你发现这种规律，了解了事物运动的基本道理，你就能坐在家里也能理解世界上正在发生的事情。这同古希腊的哲学家所致力于追求的了解世界的“本源”可以说是异曲同工。古希腊哲人最感兴趣的是了解世界的根本原理。“不出户，知天下；不窥牖，见天道。”用中国的话语来说，成为“天道”；用西方的话语来说，就是“规律”或者“公理”。在哲学思考的层面上，老子和古希腊哲人思考架构是一样的。

现在的学生在读到“不出户，知天下”这句话的时候，很容易就会想到互联网。这是很自然的，现代高科技让普通人可方便地获得每时每刻在这个世界上发生的很多事情。但这种“知”不是老子讲的那种“知”，两者不是一回事。互联网所能给予的，多数情形下，是各种“信息”，并不是对事物的“真知”，对事物的深度的了解。老子讲的“知”是对世界运作的规律具有深刻的感受和把握，是一种总体的认识。一个人若要想获得真知，必须努力思考，首先，要让自己的心静下来。

“其出弥远，其知弥少。”这句话如果找字面的意思来理解，就是旅行得越多，对事物的理解认识就越少。这句话听起来好像和常识是矛盾的。不是说人应当“读万卷书，行万里路”吗？无论是东方和西方，都强调旅行，即实地考察在增加一个人的知识方面的积极作用。老子这句话字面的意义却是否定性的。这是因为《老子》这部书是用诗的语言写成，而不是使用散文的语言；诗的语言，多有省略。老子的意思其实很清楚，如果在这句话的前面加上一个条件句“如果没有对世界运行的根本规律进行过思考”，这个句子的意思就清楚了。老子强调思考对认识事物的重要性。如果仅仅是获得了很多“信息”但是缺乏自己的深思熟虑，一个人对事物的认识还是处于浅层次的。就像现在有人每天花大量时间浏览互联网，通过网上驳杂的信息大致知道世界上发生了和正在发生着什么事情，但是对这些事情背后深层的原因，又能做到有多少了解呢？

老子的深刻性就在这里。他认为人若要想求得真知的话，就得设法摆脱各种干扰，环境的和自己身上的，养成思考的习惯，认识事物形成的深层次的原因，认识各种显现背后的规律。如果一个人只是满足于泛泛地获取信息，到处旅行，见过很多“现象”；如同一个仅仅满足于留影照相、到此一游的短暂游客，不经过自己认真的思考，哪怕是游历过再多的地方，也不会真正地了解和认识这个世界。

4. 老子的理想社会观

第八十章

小国寡民。使有什伯之器而不用。使民重死而不远徙。虽有舟舆，无所乘之，虽有甲兵，无所陈之。使人复结绳而用之。甘其食，美其服，安其居，乐其俗。邻国相望，鸡犬之声相闻，民至老死，不相往来。

Small country, few people,
Let them have many weapons but not use them.
Let the people regard death seriously,
And not migrate far away.
Although they have boats and chariots,
They have no need to take them.
Although they have armors and weapons,
They have no need to display them.
Let the people return to tying knots and using them,
Savor their food, admire their clothes,
Content in their homes, happy in their customs.
Neighboring countries see one another,
Hear the sounds of roosters and dogs from one another.
The people, until they grow old and die,
Do not go back and forth with one another.

(translated by Derek Lin)

这一章是老子政治社会观念的全面阐述，也是建立其和平理想社会的实行办法。简言之，老子提倡小国寡民的国家制度，目的是不让老百姓产生比较心，消除竞争心，从而不再卷入无休无止的利益争夺之中。他要让老百姓对自己的生活有幸福感、满足感、自豪感。总之，要有满足心。要做到使人民有满足感，就必须：一是培养建立简朴生活的价值观，深知这种生活方式的内在价值；二是不要让人民受到外来影响的刺激，产生分辨心和冲突的价值观。这样的生活，接近伊甸园里的亚当和夏娃偷吃禁果之前的生活状态；他们知足，是因为他们没有知识，如同天真无邪的孩童。

在美国对大学生谈简朴生活的价值，是会有很多人仔细聆听的。关于不要和别人比较的话题，大学生自然是感同身受的。这种关怀可能同美国是个充满竞争、物质文化高度发达的社会，追求物质生活的满足成为多数人的主要奋斗目标有关。但是，缺少精神意义的生活容易让人的心灵流于空虚无助的状态。大学生正是处于确立人生观的时期，对个人生活和人际关系的状态比较敏感，期望获得人生的精神指导。

老子希望人们长久待在自己与生俱来的环境里，不同外部的世界产生联系，也就没有新的信息进来，不会刺激人的头脑，人们也就会过着一种知足常乐的生活。老子的理想生活方式是让人过一种原初性的生活，这种原初性的生活，其形式只能是简朴的、朴实无华的。那里的人，由于没有外面传入的信息，造成对人们思想观念的冲击，人们的价值观念就不会改变，人们就会“甘其食，美其服，安其居”。认为自己居住的环境很好；自己身上穿的衣服很美，赏心悦目，很满意；常吃的食物也很好吃，吃来有味道，又健康。

这里似乎应该指出老子思想中的基本价值立场。老子思想中有反工业文明的成分。《圣经》里有关伊甸园的故事：夏娃受到蛇的引诱，偷吃智慧之果，再给亚当吃，人类从此有了知识，知道了羞耻，但也失去了童贞。知识和道德观都是人为的。“伊甸园”就是老子的小国寡民的乌托邦生活方式在西方文明的翻版。无论从《圣经》里的“伊甸园”还是老子“鸡犬之声相闻，老死不相往来”的“小国”，都含有“反智”的观念在其中。小国寡民的生活，接近伊甸园里的亚当和夏娃偷吃禁果之前的生活状态；他们知足，是因为他们没有知识，如同天真无邪的孩童。亚当和夏娃被逐出伊甸园，是他们违背了上帝的禁令，毁掉了纯真的心和生活方式。“鸡犬之声相闻，老死不相往来”就能保持人的纯真和质朴的生活方式。

对于现代人来说，“反对知识”是很难接受的一个价值立场。但是，东西方的两本重要思想经典，都对知识持有非常接近的批评立场。生活在技术知识占强大统治地位的人，都深切感受到技术是一把双刃剑。技术的进步，在给人带来巨大的改造自然的能力之时，也同时带来很多问题，比如环境污染、核子武器的威胁，等等。

虽然东西方传统思想的外在形式大异其趣，实则不过是人类认识世界的不同视野和角度而已。并且，在各自的思想传统中，同样存在对方的思维方式和认识论，只是不属于其主流传统。时至今日，世界成为地球村，各种文明密切接触，相互之间的了解，对于世界的和平和发展，至关重要。人类社会当下面临许多重大的问题，开掘并传播各个古老文明传统中的智慧资源，同数百年占主导地位的西方思想系统展开对话，重新审视人类的困境和寻找解决之道，是东西方学人的当务之急。

六、学生评论

简朴生活

布莱恩·麦克休　Brian McHugh（2010年春季）

老子文字中一个常见的主题是简单生活对于幸福是重要的。老子认为过简单的生活，没有被现代社会弄得复杂化的生活，更能接近“道”。老子在这一章中谈到了小国寡民的长处在于提供了基本的居住条件，原始的记录方式，但不像一个大国一样搞到过分复杂的程度。

“道可道，非常道”，在这一章里，老子似乎在表达一种创造的意思。事物并不是本来就是这样，在时间长河中的某一时段，地球上的实体物质被创造出来了。老子在这里尝试着描述“道”，或者说是自然之路。他的意思是说你能够按自己想要的活法去生活，但是大道只有一个。你不用靠探索的方法去寻求“道”，大道已经在那里，在自然之中了，你能在任何时候开始按照“道”来生活。这是件十分自然的事情。

阴　阳

金柏莉·路易斯　Kimberly Lewis（2011 年秋季）

“阴阳”是中国哲学中很有趣、很值得思考的观念。在上这门课之前，我不知道阴阳是什么，这个词是什么意思。我所理解的阴阳是一个象征善和恶的符号。我看到过一些西方人将阴阳图形在身上刺青，或者作为项圈佩戴。我从未问过为何他们喜爱这个符号，我也没有产生过想知道的愿望。现在了解了阴阳的意义我才知道人们为何那么喜欢这个观念。这是一个十分有趣，会让人不断思索的思想。阴阳的内涵如此丰富，让我止不住去思考它。我也觉得西方用“阴和阳”来表达这个思想很有意思，而不是像中国人使用的“阴阳”，两个概念是紧密连在一起的，是一体。也就是说，西方人在理解这个中国观念的时候，是将“阴”和“阳”分开的，然后用一个“和”（and）将它们连在一起；而中国人原来的思想是一个事物的两面，是由分别的两个特征共存一个事物之中。这看起来仅是语言的差别，其实反映了深刻的东西方的思维差别，认识世界的差别。这些不同的认识角度，结合在一起，人的思想就会大为丰富。

“阴阳”在很多方面触动了我的思想。以前我以为阴阳仅仅代表善和恶，实际上它代表了普遍的相反和相对的观念。“阴”代表女性品质，而“阳”代表男性品质。我觉得这真是一个了不起的思想，因为男女两性是相互依存的。这就内含男女平等的观念。现在的世界，大讲男女平等，但在社会很多方面男人比女人拥有更多的权利。我认为这是不公平的，而“阴阳”这个词本身就显示了平等的观念。它展示在一个自然的世界中，人们并不以敌对的方式存在，而是以相对而又辅助的方式存在。男女两性相互以对方为自身存在的前提。这个世界若要持续，男人和女人都互相需要。

“阴阳”对我的世界观的影响是让我认识到生活中的所有事物都含有“阴”和“阳”两个方面，比如“光”和“暗”。如果一个人认真思考，就会发现很多相反和相对的品质只有共同存在，才能彰显对方。多数人不会注意到这些相对的事物是具有平等地位的，因为这些事物看起来是如此不同。没有“强”就没有“弱”，没有“冷”就没有“热”，这些看起来相反的事物只有在对方存在的前提下，自身才能存在。这些道理，只有往深处思考，才能明白。这就是我喜爱阴阳理论的原因，它让人思考了一些从未想过的问题。

阴阳思想方式的一个重要特点是让人走出思想禁锢，跳出旧有的思维框架，对以往不往深处想的问题重新加以思考。学习了有关阴阳的知识后我才知道以前的阴阳仅代表善和恶的观念是错误的，是西方形成的一个观念。道家哲学一般不注重善恶区分和其他的道德判断。我刚接触阴阳的时候脑子里都是西方人的观念。这说明为了获得正确的判断，要开放思想，对事物认真进行思考。

在思考方式方面，中国哲学和西方哲学对阴阳的解释如此相异。西方的解释没有中国的深刻，中国的解释有很多的层次。这就是为何我喜爱从中国人的角度来了解阴阳思想。对我来说西方的思想方式肤浅，从来不对某些事物进行深层次的分析。中国文化真能帮助人以不同的角度思考生活，我很喜欢这一点。

这门课中学习的阴阳思想让我思考我还能从中国文化中学习哪些知识，来帮助我思考生活的某些方面。我觉得我现在与阴阳结下了不解之缘。我只谈过一次恋爱，恋爱中我感到很幸福因为我从来没有那么情绪高涨，但恋爱关系结束后我心里只剩一片空虚。痛定思痛，更加痛。对我来说，爱的反面不是恨，爱的反面是空虚。根据我的经验，如果我从未体验过爱情，我现在就不会感到那么空虚。这两个事物是相关相联、互相依存的。

哲学：从过去到现在

杰西・佛洛雷斯　Jesse Flores（2012 年春季）

《道德经》和道家思想讲的是存在一个更高的力量，通常这种力量并不同中国古代的文化相联。“道”就是客观力量，整体性的一种在世间所有物体中存在的基本力量。在道家哲学里，除了崇高的创立者老子之外没有神，老子也不是神，而是这块土地上的一个智者。即使老子是一个伟大的智者，他也被当作人群中的一员。中国人从来没有将他升华为神，他是道德极高之人，按照“道”的原则生活。

道家的哲学让我想到文艺复兴时期的人本主义思想：每个人都有潜力成为他/她想成为的人。在中国文化中，同样的每个人都具有发展潜力的思想在道家思想中得到体现；每一个人，连同其他所有的事物，自身中都包含部分的“道”。每一个个体身上都有“道”的体现，被称为“德”。“德”能够完成伟大的事业。还有，道家哲学通过“无为”的观念实际上是倡导了保护自然的理念。“无为”的表层意义是“无所作为”（不做什么）。在道家的观念中，“无为”的含义是不要违背“道”义。究其根本思想，意思是人应当“让自然按照自己的规律发展”，尽力减小人为的干预；人们建立的各种架构不属于“道”的一部分，甚至会反过来腐蚀人本身。老子强调这个自然的思想，公开地否定儒家的重要观念“礼”，认为“礼”是人为的、非自然的制度。

庄子也是东方哲学家中引起我的注意的一个人。庄子引人注目是他思想的诡谲和极富智力挑战性的文字。他的“梦蝶”的故事，谈的是庄周不确定是他做梦梦见了蝴蝶，还是蝴蝶做梦梦到了他。这篇故事完全吸引住了我。庄子的哲学可以容易地同西方思想联系起来，“梦蝶”讲身心二元论，近似笛卡尔的思想。庄子提出的思想也很像纽约大学的哲学教授纳杰尔（Thomas Nagel）在他的一篇文章《变成蝙蝠会怎么样?》（*How is it like to be a bat?*）提出的观点。庄子在《濠梁之辨》中对惠子说他能感受到鱼的感觉。这两个故事让人产生极大兴趣的地方是西方的哲学家是在庄子之后数百年，甚至上千年之后才产生了这些思想。

会不会是庄子建立了西方的早期的申论传统？怎么会同样的思想会在晚近的历史中再次出现？能否将这种现象归结为各种哲学中的客观性，即在足够的条件下，某个地方的某个哲学家最终就一定会思考这些问题。或者，庄子大师的哲思超越了时代本身，最后在西方社会现身？尽管我们在我们的有生之年可能无法找到这些问题的答案，如能了解不同时代的人的思想过程之间的可能的联系，那将是极其令人振奋的事情。古代中国哲学和现代西方世界之间存在一种思想的持续性质这个事实本身就指出了古代中国思想中的那种深邃又精致的力量。

或者我们应当停止主观的猜测，这些高妙的思想在西方形成，也许只不过是很偶然的事情？我们可能永远也弄不明白。

对道家一些观念的思考

麦可·卡拉索　Michael Calasso（2011年夏季）

虽然老子和庄子的文字表达风格有些地方不一样，但是两个人的作品都共有一组相同的哲学属性。我总结为六个方面：①存在着一个形而上的实体，称为“道”，一种怀有爱心管理着整个宇宙的力量。很像斯宾诺沙的泛神论的上帝，“道”既作为万物的最根本的推动者也作为维护者而存在。②所有的人都被赋予了“道”的一部分，称为“德”，存在于每个人的心中。这个观念可以描述为每一个人身上潜在着实现美德的精神能力。③拒斥人工和非自然的事物。两位哲学家都表达了对使人们脱离“自然方式的生活”的社会公约的不屑。④植物、动物和自然世界所有的物体都遵照“道”的方式存在，人却没有这样做。两位思想家都将人类与自然脱离归因为人类的理性智力。⑤人应当皈依宇宙的自发性，回到与“道”的联系中来。⑥人类应当实现自身在这个世界上的作用，这就是，人应当在自然中找到自己的位置，然后按照这个位置规定的界限生活。

作为西方哲学的学生，我发现当我第一次接触道家哲学文章的时候感到有些发怵和担心。原因是在西方学术界存在着这样一种对东方哲学的认知：东方哲学的论述是“整体性”的。换句话说，就是东方哲学很难理解，因为它不涉及对事物的具体学科的研究，比如认识论和形而上学，而是将认识论、宗教、形而上学和伦理学混在一起，让西方人读起来不得要领。东方哲学（的论述方式）似乎是将各种问题放在一起讨论，各个方面都是连接在一起的，很难分得开。我阅读道家哲学著作的经验是在打开书本的时候要怀着一种开放包容的心怀，去掉分析性的探索方式。

度过了最初的面对道家哲学的焦虑不安之后，我发现我迷上了面前这些思想。不单是老子和庄子哲学思考的广博深刻，而且他们的思想和西方哲学传统中重要思想不谋而合。比如，伊壁鸠鲁和安提西尼的伦理思想，从大的框架来说，和道家的主张是一致的。伊壁鸠鲁和安提西尼都持有人应该回到自然这个人被授予的角色的观点，这和上面提到的第三个道家原则吻合。此外，伊壁鸠鲁和安提西尼都不赞同遵守社会公约。

同样，亚里士多德在他的经典著作《尼各马科伦理学》发展出来的“美德伦理”也接近道家的“德”的思想。亚里士多德将符合美德的行为定义为仅仅由某些人按照自己的功能所做采取的行动。按照我们从课文中总结出的第二条：只有按照“道”来行动，这样的行动才是属于“美德”。这个思想相似于亚里士多德的功能观念。我发现这些思想上的相同之处极其有趣，这让我思考是否存在任何历史记录证明东方和西方的哲学家在古典时代曾经相遇过。从我了解到的资料来看，这方面有大量的历史文献模糊不清，留给人想象的空间，但也不是说不存在某种历史资料证实这么一个假设。

我必须说我阅读《道德经》得到的最大收获还不是东西方哲学的比较，而是在阅读之后我自己的思考。我同意老子和庄子的很多观点，特别是他们讨论人和自然接近，不扰乱自然过程的重要性。对我来说，有一点是很清晰的，就是人类解决我们饮食和生态的很多问题的出路，最好的方法是回到自然。这不是说人类应当抛弃技术的成果，而是我们应当充分意识到人类的行为如何影响到自然环境。这样做的理由说到底是人类要更好地对待自然，自然也会更好地对待人类。因此，我看到了采用道家某些原则的实用性（比如：“无为”）。

总括起来说，我发现东西方在哲学方面有很多东西可以互相学习，其实很多知识是双方相互映照，而非新的发现。但我觉得这是一件好事，这显示在东西方哲学领域，存在着更多的相似，而不是差异。我猜想能用人类共同经验来解释这个现象。就是说，既然哲学的关注点是人的经验和反思这种经验。那么显然，我们可以从他们的哲学观点接近来推知东西方哲学家的生活经验和思考方式应该是一样的。

第六章　孟子思想的意义

美国学生在学习过程中，孟子受到他们的重视。孟子的文章属于社会价值理论，对于现代人的伦理教育，很有意义。孟子思想完全可以比拟西方古典人文的伦理教育，与其接轨，比如古希腊罗马时期的哲学学派斯多阿学派的伊壁鸠鲁的思想。这一思想派别的一个重要思想者，塞尼卡（Seneca）提出人应当追求这样一种幸福观：①按照自己的本性生活；②以理性分析来理解生活，不以模仿别人来生活；③勇敢、豪迈的生活态度。

以塞尼卡的三条标准来衡量孟子的生活伦理观，每一条都可以说是吻合的。这个发现是令人振奋的。这再一次证明，在这个小小的地球上，东方和西方，尽管文化系统差异极大，基本的道德价值观差异并不大。

思想观念很接近，表达的形式有差异。中国古人的文章风格，趋向于简短，喜爱打比方，即比喻性的表达方式。古希腊哲人的言说方式比较冗长，有点反复申明的味道。这常常给人啰唆的感觉。就像他们的一些警句格言，非常精彩，非常深刻。可是这些美妙深刻的思想往往如同美丽的花朵藏在大片的草丛之中，读者得睁大眼睛，保持注意力，才不会让那些美丽无比的鲜花从眼前溜过。

绝大多数人都容易沉沦于日常生活的重压之下。日常生活的繁杂琐碎，基本上占去了大部分的注意力，人们还有多少时间去接近伟大杰出的思想呢？

每个社会、每个文明都具有一些理想的、很高水平的道德标准。孔子和孟子、古希腊的斯多阿哲学家，都是给各自的文明确定道德理想的智者。

如果没有这些思想者和他们贡献的思想成果，一个社会会变得很庸俗，大众会沉沦于实际的利益和欲望的放纵之中，这个社会就会趋向于毁灭。正是这些人的思想引导人从低处往高处走，让人的精神境界得到提升，让整个社会精神为之一振。没有这些，一个越来越物欲化的社会，会往下走，往人性里较低层次的方向沦落，越来越靠近动物性。

可以这样说，这些伟大的思想者的思想成果支撑了一个文明不至于堕落。现在的社会，思想危机四伏，人们普遍感到空虚无聊。这正是精神堕落的表现。

一个社会的精神文明程度，体现在大多数成员的道德修养状况上。道德修养，不仅仅是一些抽象的观念，而是体现在所有人日常生活中的方方面面。所以这些观念需要得到分析，需要在理性认识上搞清楚。这就是一个社会思想工作者的艰巨而又伟大的任务。

斯多阿学派的鼻祖应当是苏格拉底。他的名言："未经检验过的生活不值得过"，An unexamined life is not worth living. 这话说得多么好啊！

一个受过高等教育的人，如果没有对自己的生活进行过思索，反省自己的生活价值观，这样的人其实不能算一个受过高等教育的人。

观察我们的生活，相当数量的人达不到这个标准。多数人都是凭着朴素的道德价值观在生活。"朴素"的意思是未经反省的、在各自的生活环境里自然而然地形成的、从未经过好好地思考的一套价值观。这样的价值观，在正常的情形下还一般能满足多数人的生活需要，但是在特殊的情形中，这些未经过反省的价值观就不够用了。面对突发的灾难，面对存在还是非存在的问题，怎么办？这就是个大问题。大问题需要经过长时间理性探索的答案才能回答。大多数人对于自身安危，只能是出于本能的反应，对灾难能躲就躲，以能够活下去为最高的原则。这样的价值观没有什么错处，但不是经过检验的价值观，也决不是一种高层次生活的价值观。

人的存在方式有多种多样，人的活法更不相同，但是有一个境界的差别。境界又表现出高下，有高一些的境界和低一些的境界。越是靠近动物性一端的，越是动物性的境界；越是接近精神性一头的，就越是一种超越性的、高层次的境界。

孟子这样的哲人，能够为人们提供精神的指导，就是他们经过了长期的思考和探索，最后发现了关键性的思想观念，再找到合适的表现形式，写成文字遗留给后人，成为极其宝贵的精神财富。精神财富的价值，并不低于物质财富，因为精神财富能让人活得有意义，获得心情畅快，活得心安理得。

美国学生对孟子思想的接受说明了西方和中国对人性的基本认识是相当接近的，完全可以，也应当进行充分的深度的思想交流。

一、教学设计

（1）如同前面教授的《道德经》，也应当使用连接西方哲人的思想来帮助学生建立一个东西对比的观念架构；可以举出古希腊的伦理哲学家塞尼卡和近代的康德，简略介绍他们的道德伦理思想。

（2）简略介绍孟子关于人性有“善端”的说理，从而引导出本章的基本论点。

（3）指出孟子，如同多数中国思想者一样，喜爱使用比喻的手法来形象地表达他的观点。

（4）用图示的方式在黑板上表达四个概念之间的关系。

二、牛山濯濯

孟子曰：“牛山之木尝美矣，以其郊于大国也，斧斤伐之，可以为美乎？是其日夜之所息，雨露之所润，非无萌蘖之生焉，牛羊又从而牧之，是以若彼濯濯也。人见其濯濯也，以为未尝有材焉，此岂山之性也哉？虽存乎人者，岂无仁义之心哉？其所以放其良心者，亦犹斧斤之于木也，旦旦而伐之，可以为美乎？其日夜之所息，平旦之气，其好恶与人相近也者几希，则其旦昼之所为，有梏亡之矣。梏之反复，则其夜气不足以存；夜气不足以存，则其违禽兽不远矣。人见其禽兽也，而以为未尝有才焉者，是岂人之情也哉？故苟得其养，无物不长；苟失其养，无物不消。孔子曰：‘操则存，舍则亡；出入无时，莫知其乡。’惟心之谓与？”

《孟子·告子上》

孟子的“牛山濯濯”是一篇重要的文章，是孟子继他的“四端”之后对人性论的进一步发挥。孟子对人性的看法是人性趋善，不是人性本善。“趋善”是指人性有趋向善的特点，“本善”是天生就是善的。这是两个差别极大的观念。继“善端”论，“趋善”是孟子，乃至儒家的人性论的另一个精彩之处。

善端论是说人性中具有善的“种子”，孟子将其成为“端”，“恻隐之心，仁之端也；羞恶之心，义之端也；辞让之心，礼之端也；是非之心，智之端也。”这些词语都是经过精心挑选的。“端”，是指发端、刚开始，出现了一点点，如同植物的小嫩芽。这个比喻真实感很强，指出人性具有趋善和向善的基础。如同植物的种子非常重要，但种子并不能保证一定长成大树。要成为后者，还需要一些外部条件来支持，比如水、肥料和阳光。有了这些条件之外，还要保障没有危及植物安全的虫害、牛羊和刀斧的伤害。

我们平时说善良、爱人之心，这些感情似乎若隐若现，不是那么肯定。你说没有吧，好像不是那么一回事，从有些人的表现和自己的经验，可以找到不少证据。但是你肯定说有的话，又很难解释世界上不少人干的残忍的事情。孟子不用很肯定的词语来表述他的想法。他是从“最小量”的角度来建立他的论点，这样的方法有更大的说服力，也就是从细微处观察，从细微处发现。“端”，是指一点点，“不忍人之心”，不忍心，我们有时候会有这样的经验，做什么事心有不忍。这个词语比“爱心”要来得微妙，我们不那么肯定是什么，但它肯定是爱心的基础和发端。“爱心”这个词还是比较笼统，好像只有一部分才有的，不是那么“universal”，而“不忍”好像不那么明确、肯定，甚至是在一种矛盾状态。比如我们做一件事有利于自己，但在做的时候可能会伤害到他人，这个时候就会有矛盾的心理出现，这就是不忍人之心同利己之心的冲突。“恻隐之心”是说平时不太容易察觉，只有在特别的时候才显现这种心理。“怵惕之心”，警觉恐惧之心。因为看到他人的境遇可能演变为灾难，自己预感到这灾难而感到难受伤痛，这是什么，这是同情心。这种同情心是人性的基本点。

“牛山濯濯”的出发点就是“善端说”。孟子首先指出靠近人口密集地区的牛山，童山濯濯，光秃秃的，草木稀少。那它原来就是这个草木不生的样子吗？不是的，自然的山一定会生草木的，因为种子就在土壤里，按自然的条件，有雨水，有阳光，土壤和土里的肥料，种子自然就发芽成长。但是，牛山为什么那么光秃秃的呢？是因为附近住的人需要柴火，他们带着斧子上山砍柴，砍得多了，最后草木就稀少了。但是，牛山毕竟是山，它具有养育草木的能力，它能够自我恢复。在原来长草木的地方，新的草木又生长出来了。这个时候，人们饲养的牛羊又来了，啃吃了新长出的草木嫩芽。这第二波的攻击成功地抑制了草木的生长，牛山满目疮痍，草木稀少，一片惨象。

孟子用了一连串的暗喻来比喻人性的善端成长和社会环境坏影响的冲突。人性中有善的成分，如同植物的种子。只有普通的、自然的条件，种子就会发芽成长。但是社会中的各种消极影响会来伤害人性，会来刺激人的各种欲望，引诱人的动物性的欲望发展。这就形成人性和动物性之间的冲突。这场冲突的结果取决于哪一方的力量更为强大。支持动物性的力量强大，人性中的善就会遭的压抑，人就会变得越来越有动物性。

根据孟子和儒家思想，个人要努力，警惕各种社会上的消极影响，给善端的成长以更多的支持，促进其成长。这是一个长期的努力过程。一不小心，一不坚持，人性的善良部分就会躲得无影无踪。儒家讲君子“慎独”，就是强调这个努力的过程是长期的、艰难的。

学习孟子这篇关于人性的文章之前，我们先问了学生们对人性的看法。深受基督教影响的学生接受人性恶的看法，这样的人性观来源于原罪概念。有少数学生是伊斯兰文化背景。我们问他们伊斯兰教对人性是怎么看的，回答是在上帝面前，每一个人都是罪人。由于历史文化的联系，伊斯兰的教义同基督教有很多关联，很多看法是相近的。

我们简要介绍了儒家的人性论观点。孔子对人性没有进行长篇大论的细致分析。他只是讲过“性相近，习相远”。孟子讲人具有“善端”，人性有趋向善的一个倾向性。所以，他的人性论还不能说是“人性善”，而是人性向善。中国人没有基督教的原罪的观念。其实原罪观念的合理性在于它联系上了人的罪性问题，人性中存在着“恶”，这个现象是可以从历史上大量的经验中证实的。人有时候表现出来的动物性，其残忍程度远远超过动物界。生活中随处可见的现象是人为了满足自己的私欲而无所不用其极。“原罪”尽管披着宗教的说法，但其含义是指人身上天生就有恶的成分。这也是可以用事实支持的说法。

孟子也讲人同动物的差别就“几希”，人和动物大体一样。差别就在于人还有良知的基础，善端。也就是说，人具有道德意识。这个道德意识是每个人都具有的，只是量不大。如果一个人，最好在社会的帮助下，努力让自己的道德意识成长起来，人就会成为君子。君子具有社会责任感，就是要尽力发展自己的能力，并帮助他人成长，共同建立一个和谐的社会。儒家富有理想，具有精神的追求。

比较基督教，孟子其实也察觉到了人性当中的“恶”的成分。动物性，就含有“恶”的成分。特别是人身上的原始的动物性在社会消极影响的刺激下会膨胀，就会形成明显的“恶”。

动物界有弱肉强食的现象。我们可以从自然生态的角度解释这个现象，那就抛开了人的道德意识。弱小的动物是强大的动物的食物；植物性动物是肉食性动物的食物，被吃掉的就当作强大动物生存条件消失了，剩下的继续传宗接代，延续一个物种。这没有什么，动物就是这个样子。我们说动物性“恶”是将我们人类的认知方式和感情投射到了动物身上，那些具有侵略性的，我们派给它们“恶”；另外的没有侵略性的，我们称为“善”。儒家认为，人同动物的不同点就在于人有良知（Conscience），而动物没有。

那么，如何解释坏人是如何出现的呢？儒家认为尽管人都有良知，但多数人没有去发展培育良知，这些人的良知没有成长起来。少数人有意识地去做这件事，良知发展得比较充沛，人就会怀有善心，也就是说这个人的道德意识充分地发展了。

有一些人的良知是没有被发展起来的，他们的良知发展水平停留在某一个程度上，就像有些小孩，身体发育停止了，或者是心理成长停滞了。也就是说，如同智力，各个人的道德意识发展程度是不一样的，不能简单地使用年龄的单一标准来衡量所有的人。两个人都活到六七十岁，其中一个的道德意识发展程度符合他的年纪，另外一个的成熟程度不过是停留在二十来岁的阶段。

也就是说，人的道德意识，或者说是良知，同一个人的知识深度情形差不多，个体之间差别很大。有些人追求知识而有些人却没有这样的兴趣。有的人道德良知认识程度很深，而另外一些人却很浅。这是因为个人对各种事物的注意力与重视程度是不一样的。道德意识成长得比较好的人，就是比较善的人。这样的人，多数人都喜欢和他接近。

三、鱼与熊掌

孟子曰："鱼，我所欲也，熊掌，亦我所欲也，二者不可得兼，舍鱼而取熊掌者也。生，亦我所欲也，义，亦我所欲也，二者不可得兼，舍生而取义者也。生亦我所欲，所欲有甚于生者，故不为苟得也；死亦我所恶，所恶有甚于死者，故患有所不辟也。如使人之所欲莫甚于生，则凡可以得生者，何不用也？使人之所恶莫甚于死者，则凡可以辟患者，何不为也？由是则生而有不用也，由是则可以辟患而有不为也。是故所欲有甚于生者，所恶有甚于死者。非独贤者有是心也，人皆有之，贤者能勿丧耳。一箪食，一豆羹，得之则生，弗得则死，呼尔而与之，行道之人弗受；蹴尔而与之，乞人不屑也。万钟则不辨礼义而受之。万钟于我何加焉？为宫室之美、妻妾之奉，所识穷乏者得我与？乡为身死而不受，今为宫室之美为之；乡为身死而不受，今为妻妾之奉为之；乡为身死而不受，今为所识穷乏者得我而为之，是亦不可以已乎？此之谓失其本心。"

《孟子·告子上》

孟子在这篇同样说理流畅的论说文里阐明了自己的价值判断天平。如同其他的中国古代哲人一样，孟子喜欢暗喻。鱼是鲜美的食物，因此孟子用鱼比喻宝贵的生命。在中国古代的珍奇美味的单子上，熊掌被置于最重要的位置。美味的鱼和更为美味的熊掌，生命和正义这两个价值，都是孟子喜欢和珍视的，但是如果不得不作出选择的时候，孟子确定他会选择两者之中更珍贵的价值。他进一步讲到死亡，如果比起死亡来人还有令人更加不快的事情，在被逼进行选择的时候，人们就会选择死亡。因此，将什么价值定位最高和最低就是最重要的事情。将生命定为最高，人们就会不择手段地维护生；死亡定为最低，人也会无所不用其极地避免死亡。

孟子讲的问题非常重要：每一个人都应该有自己的价值天平，确定自己的价值标准。做好准备，这样在必要的时候，就可以从容地做出选择。否则会痛苦不堪。事先想过和没有想过，可能会对个人的生活有相当的影响。儒家思想在这个方面的精彩之处就在于他们从生活出发，抓住了人们在行动时候牵涉的价值含义。孟子相当雄辩，他的论述具有强大的说服力。这是他深入细致思考重要问题的结果。他运用典型环境中人的自然反应，指出人身上潜藏的人性的特质。因此指出人具有向善（发展成大善）的感情心理基础。他同时指出人身上具有不少动物性，这些动物性是人向恶发展的基础。那就是说人同时具有向善和向恶（发展成恶）的两种心理基础。这就是孟子认为的人性。孟子接着指出环境中的积极和消极作用。受到好的影响，人心中善的种子会发芽成长，开花结果；受到坏的影响，人性中的善的部分会遭到压抑，难以成长，而动物性的部分会发展起来成恶。儒家之所以致力于教育，就是力图用礼和乐的方法来影响引导人心向善的方向发展，成为文质彬彬的和平的人。

可以想象，在古代的农业社会，这样的伦理思想是极其深刻和精细的，可能是一个发达的农业社会所能找到的最为人所接受的思想系统了。

记得小的时候受到不少的英雄主义的教育，当时心里对英雄人物很崇敬，很想模仿他们。这就是教育或者文学作品对人的价值观的影响。看来在学校里的教育中，对价值观的思索和探讨极其重要。若要想建设好的社会和文化，但是没有引导学生思考过这些极其重要的问题，这样的教育就是无力的，放弃了最重要的部分。

其实人们是很需要确定的价值观的，但是只有孟子这样的大思想家仔细深入地思考过这些问题。孟子的贡献就在于他深入讨论了这些极其重要的问题。对于一些关键性的问题，如果没有进行细致入微、相当深入的探讨，建设在其上面的理论大厦就会出现基础不稳的问题。

在接下来的发挥中，孟子举例人们在旅途中即使饥饿也不会接受附带侮辱条件的食物，有些人宁可因饥饿而死亡也不会这样做。因为接受侮辱比死亡还糟糕。接下来，孟子进一步发挥他的价值天平观。他说有些人在朝做官，有权有势有钱，有娇妻美妾，以有能力帮助无数穷朋友而自豪。但是，这些人何以能得到权势呢？这些人正是因为出卖了道德原则，接受了带有侮辱性的食物。甘愿接受侮辱，就是丧失人格。

看来孟子很能够借势发挥他的观点。他很像一个滔滔不绝、口若悬河的演讲家，能够在讲话开头的时候，运用逻辑、比喻、反诘等修辞手段，形成很强大的话语势能，将听众置于其中，然后借这股强大的力量，步步推进，发挥他的观点。这个时候即时逻辑有所偏移，变得不那么严谨，但关键在于听众已经被他在开始的细致说理和强大气势所折服，接受了他的思路，下面就不那么挑剔了。孟子很厉害，他深知思想方法和人在思考过程中对形象和情感的依赖，他各个方面的功夫都下到了，对关键问题深思熟虑，对话语表达研究精透。一句话，对人的思想感情都作过全面的探讨，因而说起话来气势逼人，无法抵御。

我们在黑板上将孟子的价值天平分成两组写成下面的形式：

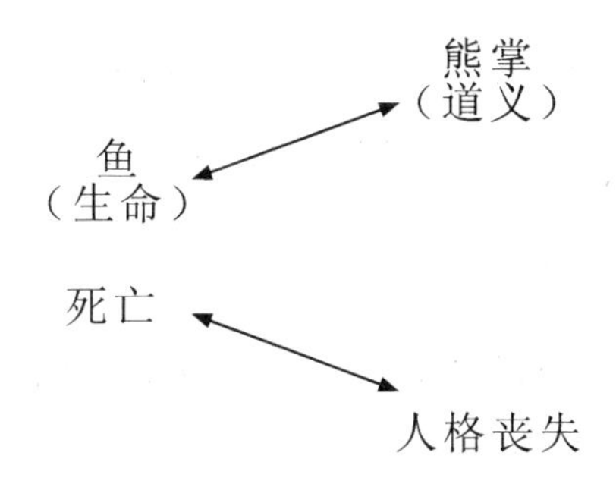

我们在课前给学生发送出邮件，简短介绍这堂课的背景知识和要求思考的问题，开始上课的时候用几分钟的时间简略讨论了各大宗教对人性的基本看法，为讨论孟子的论点准备了引子。然后，我们要求学生思考孟子使用的各个暗喻，比如植被、刀斧、牛羊、大城市、白天和夜晚、夜间的空气、鱼和熊掌等的隐喻含义。

经过这些准备工作和对词语的象征含义的了解，学生就了解了课文的大意，然后再引导学生进一步分清文章的层次，每一个层次的思想要点，然后是这些思想点的连接关系。当然，背景知识对于课文的理解也非常重要。比如熊掌，我们问学生为什么孟子要讲到熊掌，除了几个中国的学生知道之外，没有其他族裔的学生答得出来，有中国学生说是美味的食物。我们接着解释我们要将给自己穿上两三千年前中国古人的鞋子，理解他们的生活方式。我们说你们知道中国人喜欢吃，对不对？全班同学哈哈大笑。我们解释了中国烹调技术发达，自古贵族讲究精美烹制的食物，熊掌是美食中最贵重的，但只限于贵族所享受，非普通人可欲。我们读古文，要理解古人，先将对某些生活方式产生的心里不快暂时放到一旁，才能设身处地地理解古人。

四、两篇文章的提纲

牛山濯濯：天性善的倾向与环境恶的冲突。

(1) 人的天性中具有“善端”（来自初始的“不忍人之心”），如同山总是会长草，人性中的善也会成长。经过牛羊啃吃之后山还能长草(人的善良本性对抗环境的摧残)。

(2) 刀斧砍伐之后草就不长了（环境的第二次摧残，恶的力量过强，反复摧残，压制了人性中善的成长)。

(3) 人在现实中表现出的恶是因为人性中的“善端”（善种子）被压抑了，没有成长起来。

(4) 作为个人，应不断在内心提醒自己，依靠不断反省和向上的努力，对抗周遭的消极影响，保持内心善，促使其成长。

鱼与熊掌：人有必要在各种价值中确定最重要的和次重要的价值。

生命是重要的价值，但是道义是更高的价值，当不得不作出选择的时候，自然是选更高的价值。死亡和人格侮辱，同生命和道义一样，也组成一组对应物。死亡是人所厌恶的事，因它关系到人不再存在于这个世界，但还有比死亡更为糟糕的情形：即人格遭受侮辱的生活，如果被迫在死亡和人格受到侮辱的生活两者中进行选择，那么应当选高一些的价值，即死亡，因为人格受到侮辱的生活比死亡更坏。

这两组价值应当的选择关系是：

(1) 在两对价值中，总是选取高价值，道义比生命价值高，所以选道义；死亡比无人格地生活价值高，因此选死亡。

(2) 第一对价值的选择是好中求更好，第二对价值的选择则是坏中求次坏，总是选择更高的价值。

孟子想要表达的思想：人应当过一种有意义的生活，即有道德价值的生活。

(1) 对未思考过价值标准的人来说，生和死是最根本的两个价值，要作选择，自然选择生，因为生是正面价值，死是负面价值。人的本性，如同动物的本性，是乐生恶死的。

（2）生和死只是自然人的价值，但是人具有道德意识，可以选择做道德人。对于道德人来说，必须确立各种价值的轻重。道德人的道德价值同自然人的价值选择比较，前者高过后者。

（3）道德人的选择：对“道义”和“生”以及“死”和“受辱”这两对正面和负面的价值进行权衡。前一对价值里，“道义”应在“生命”之上；后一对价值中，“死亡”应在“受辱”之上。这样，当不得不在两组价值中进行选择的时候，选择标准高的价值。

（4）为能做到这一点，一个人应当保持清醒的道德意识，保持自己的道德水准，不受环境的干扰和侵蚀，在面对价值冲突，必须作出选择的时候，作出合乎道德人价值标准的选择。

（5）如果没有孟子和类似的思想，人们也会有道德意识，也会在不得已的时候进行选择，尽管很痛苦，也可能作出符合道德标准的选择，但是不容易。这是因为多数人没有清楚地思考过这些重要的问题，他们尽管有与生俱来的道德意识，但是其道德价值体系并不是很清晰，因为他们没有进行过理性的思考。孟子的文章帮助人们确认这些价值标准，使其清晰化，从而在行动中，有观念的指导，能作出相应的决定。

五、学生评论

牛山濯濯

赛思·魏斯　Seth Weiss（2013 年春季）

孟子这篇文章的主要思想是讲天生同养育之间的道德成长问题。孟子的观点是人性生来基本是好的；如果养育适当的话，人有能力保持良善的人性。但是如果缺少适当的培育，人性就会沾染坏的习性。

卡伦·古拉姆　Karren Guillaume（2013 年春季）

孟子对于人性和后天环境之间的关系的看法是：人性天生向善，如果人遵循一定的道德标准，就会做对的事情；如果他们不遵循一定的道德标准，这个世界和人性都会成为一团混乱。

麦丽萨・瓦斯库卡斯 Melissa Vasikauskas（2013 年春季）

孟子相信天性和后天培养塑造我们的人品。他相信人性倾向于善，但是如果一个人没有被培养好，环境不好，他的天性就会变坏，他就会去做坏事。虽然人性可能天然地向善，但是若要一个人显示这个善，适当的养育至关重要。所以孟子说："如果培养得好，任何生物都会成长；但是如果培养不好，任何生物都会凋谢萎缩。"

鱼与熊掌

赛思・魏斯 Seth Weiss（2013 年春季）

在这篇短文中，孟子宣称有些事情比死亡更糟，其中之一是失掉尊严。他的信条是死亡比起失掉尊严更荣耀。根据同样的道理，正义比起生命更为重要。在不得不做出选择的情形下，他将死亡排在失去尊严之上，正义在生命之上。他宁愿死，也不愿做出背叛正义的事情。他认为，追寻正义比活得长寿更为重要。

米歇尔・密卡勒夫斯基 Michelle Mikhalevsky（2013 年春季）

孟子这篇短文讲的是人们应当将某些价值看得高过生命本身，而另外一些事情呢，又必须对其感到比死亡还要恐惧。对于孟子来说，正义这个价值超过生命，而没有教养比死亡更令人厌恶。

卡伦・古拉姆 Karren Guillaume（2013 年春季）

一个人应当遵循自己确定的价值观（熊掌），超过社会制定的道德价值（鱼）。当这样的人面对可能无法坚持自己的价值观的时候，他宁愿接受死亡。

麦丽萨・瓦斯库卡斯 Melissa Vasikauskas（2013 年春季）

这篇文章描述坚守一个人的某些品质比生命本身更重要，比如，如果一个人必须在活下去和正义两者中选一的话，道德的选择就是正义，因为选择生命没有正义是不符合道德的。就如同一个人为国家的荣誉而死，与耻辱地活着相比，就很有意义，且在道德上正确。

查纳亚・古德曼 Chananya Goldman（2010 年春季）

孟子在《牛山濯濯》这篇文章中用山上的植物自然成长的周期来说明人性本来是好的，但是被环境中的坏影响腐蚀了。在《鱼与熊掌》里，孟子告诫读者要在生死问题上（鱼），建立一个自己的价值（正直即是“熊掌”）。孟子的价值观和正直原则同康德的“责任”和“倾向”价值观念极其相似（Uncanny Resemblance）。按照康德的观念，一个出于责任观念的行动是坚持了追求增加人类的福祉这一公理（即孟子的‘熊掌’）；而一个出于自然倾向的行动，是由行动者在心中的随意性，将会增加他自己的福利。这就是孟子的“鱼”。将我们同动物分开，造成我们的人性的一部分的是：对超出生命之外的关怀。

孟子的两篇文章：《牛山濯濯》包含了儒家哲学中的重要部分。《鱼与熊掌》是一篇重要的生活价值观教育，人们需要不时得到这样的提醒。

彼得·法利　Peter Farley（2009 年秋季）

《牛山濯濯》的教育意义在于对人性的思索，人在正确和错误两者间进行选择的能力。孔子说：“操则存，舍则亡；出入无时，莫知其乡。”意思说人的德性获得困难，失去容易。

《鱼与熊掌》：鱼与熊掌是用来展示生活价值观的隐喻，人应当怀着一个良知来生活。“有比对生命的追求还高的欲望，比对死亡还大的厌恶。”这是人性的（一部分）。这就是人能分辨正确和错误的能力。人的良知应当不懈地努力培养德性。通过巨大的努力，一个人就能肯定不会失去德性。

孟子思想的当代意义

布莱恩·克拉克　Brian Clarke（2011 年秋季）

《鱼与熊掌》是孔子的学生孟子写的。这篇文章被收集在《孟子》一书中，成书时间大约在公元前 4 世纪。孟子被称为“亚圣”，而孔子则被称为“第一圣人”。《孟子》被尊为儒家的四部经典之一。

这篇文章以散文的形式来表达对社会和人性的深刻思考。在这篇文章中，孟子将生命比喻为鱼，将正义比喻为熊掌，熊掌在古代中国是一道美味菜肴。孟子说如果让人在鱼与熊掌两者之间进行选择，人总是会选择熊掌，因为熊掌在人的眼里更稀有，因而价值更高；鱼只不过是普通常见的食物。孟子用这对比喻来说明当人必须在生命和正义之间作出选择的时候，人应当总是选择正义，因为对于社会，正义是一个更高的价值。孟子还说他认为存在着比生命更为珍贵的事物，比如正义；也有比死亡更令他厌恶的事物。

孟子的议论扩展了人类的生存意义：从仅仅是以一种生物形式存活着的人，升华到了包含着一种更为强大的精神力量的生命。当孟子论述胜过生命的价值，或者是比死亡还让人更为厌恶的事物，他澄清了一个极其重要的思想：即人不仅仅是一个肉体性存在，人类应该设法展示自身富有精神性的一面。

孟子将贫穷游民拒绝带有侮辱性的食物施舍与收受巨额财物的人进行对比，极其有力地阐明了一个观点：财富和权力腐蚀了一些人的正义感和道德整体性；那些坚持自身原则的人，不会牺牲原则去获得物质利益。一个贫穷的游民会拒绝接受侮辱性的施舍，但是富有的人有可能不假思索地接受大量的钱财。富人会贪婪地收受巨额财富，而倒卧街头的穷苦人不会牺牲自己的尊严去吃被践踏过的食物。对穷人来说，他的个人尊严的价值胜过他生命。富人已经甚至不再会去思考权衡这些价值了。

《鱼与熊掌》中揭示的道理，对于今天的社会具有完全的普适性，特别适用于纽约市。就在此时，“占领华尔街”运动正在大声抗议这个国家中最富有的百分之一。这个社会运动真实反映了孟子论述的那些道德观念。在那些抗议者的眼中，百分之一的富人靠着践踏脚下的大众、放弃原则来谋取无穷无尽的财富。正是这些最有钱的人在一个资本主义社会环境中有着最大的权力，靠着腐败聚敛巨量财富；我们的整个文明正处于巨大的灾祸之中。当这个国家99%的人在困难的经济萧条时期，艰难谋生，百万富翁们却毫发无损，一如既往，如同没有任何事情发生一样。有人提议富人应当交更多的税来帮助平衡财政困难，恢复经济秩序，富人们反对，认为他们被强行征税。上层阶级应当担负更多的税赋责任。但是在富人的眼中，抗议者不过是一群祈求食物的乞丐而已。

虽然孟子关于社会的观念有可能防止这种现象的发生，但我看不到孟子的观念能够解决这个问题。如果我们拒绝接受百分之一的上层社会“施舍”，我们将永远难以恢复，爬出经济衰退陷阱。但是如果我们接受我们本来受之无愧的经济援助，我们可能在牺牲道德原则，引起我们自身的道德坍塌。

根据正义的原则生活

瑟基·格林霍斯　Serge Grinholz（2010 年春季）

孟子的道德理论来自孔子“仁”和“义”的观念。这两个观念是儒家思想的核心基石。“仁”指的是人性中的善的成分和较为抽象的仁爱的观念；“义”的意思是人应当成为一个正义的人，争取更高的道德责任，获得抽象的正义观念。还有一个用来帮助培养“仁”和“义”基本的观念是“智”。没有“智”，“仁”和“义”就不能在一个人心中成长。“智”让一个人通过理性认知理解各种赞成和反对正义的观点，从而理解什么为道德或者不道德。

《鱼与熊掌》这篇文章孟子表达的思想是人应当根据正义的原则来生活，因为正义自身的价值。孟子提出这样的看法是因为他认为人尽管生来具有向善的倾向，但个人的生活原则只有通过有意识地努力培养才能获得。

相对于孟子的思想一个例子是西方哲学家汤玛斯·霍布斯的政治哲学。霍布斯在他的“自然状态”的道德哲学中表达了这样的观点：在没有政府的状态下，人就会相互为敌。霍布斯指出人性趋向自私和暴力，靠非正义的手段在他人身上占便宜。如果人缺乏外力约束，任其所为，社会就会混乱。

孟子认为一个人无论在人生过程中遇到何种障碍，都应当遵循“义”的原则。一个人应该持积极的态度来获得对世界的公正观念，而不是被动地接受社会所给予的。

德国哲学家弗里德里克·尼采的观点在这点上同孟子一致。尼采认为关于正义的看法存在着价值的高低；那些通过自己思考来判别什么是正义的，他们没有被动地接受和遵循社会习惯观念，这样的人应当受到表扬。而那些偶然地实践了正义的人并不应该受到称赞。这是因为一个人应当仅仅是按照自己的内心认可的价值来行使正义，而不仅仅是被动地跟随别人来行使正义。内心存在着“义”的人比起那些心中对义没有深刻的认知和肯定，对生活没有明确的目的人，会做得更好。

孟子想要说明一个人到死亡的时候知道自己追随了正义的原则会对自己的一生会产生幸福感，而没有这样做的人不会产生这样的感觉。

第七章　美国大学生喜爱庄子

道家作为中国哲学思想的精致形式，自有其独特动人之处，千百年来，成为儒家主流之外的另一大思想精神支柱。基于《周易》天地一体的认识架构，老子在《道德经》中阐发的天道（道）和人道（德）的深邃丰富的中国哲学内涵，给美国学生带来耳目一新的感觉；他们发现了一个全新的思想世界和一种富有吸引力的生活态度，感受到来自另外一个文化的巨大思想冲击。《庄子》飘洒无拘的想象、深邃的智慧、对精神自由的不屈追求，表达在浅白生动简短的寓言故事里，既给予学生美妙的文学享受，也开启了他们思考世界的新角度。美国大学生喜爱富有创造性的道家思想，证实了不同文化的深层思想是完全可以交流、理解和认同的。

老子讲同一，讲大道，不过他的思辨形式是辩证法、对偶两分，他的文字中，对偶两分随处可见，俯拾皆是。庄子似乎更强调大道。他认为用语言讲概念，用来描述大道，只会分割它，无法表达它。而且，语言是静止的，这既不符合大道的整体性，也不符合大道的变化特性。总之，语言由于其自身的局限，无法表达“道”的深邃、无所不在和变动不居的特点。庄子的“齐物”和“一生死”、“独与天地精神往来”的思想，都是强调同道合一的思想。他使用寓言的方式来表达这一思想，正是因为他认为使用概念化的语言无法表达“道”的真髓。

庄子用优美神奇、想象丰富的散文来表达他的相对论思想。在讲授《庄子》的时候，应当对比西方其他哲学家的思想，这就容易引起学生的深入思考。比如“混沌之死”，讲万物都有其自然本性，应该允许其自有存在；若强求一律，就让万物失去了自性和生机。

“庄周梦蝶”无疑是庄子文字中具有重要意义的一篇。虽然篇幅极短，但深刻地揭示了庄子的中心思想。

“混沌之死”同样是一篇字数很少的故事，也写出了道家的核心观念，质朴原初的才是有价值的。

“钓于濮水”这篇生动形象的故事中，庄子用“淤泥中的活龟”和“神龛中的死龟”这个比喻，深刻地展示了其生活价值观。

“濠梁之辩”通过惠子和庄子就人是否知道鱼的快乐展示了两种不同的认识论观点。“濠梁之辩”是惠子的中国式逻辑思辨家和庄子“天人合一”的物我感应，心理投射式审美。这场辩论反映了两种截然不同的认识世界的路径。惠子的思想接近西方人观念，庄子的则是典型的中国审美传统，移情投射。

一、庄周梦蝶

“昔者庄周梦为蝴蝶，栩栩然蝴蝶也，自喻适志与！不知周也。俄然觉，则蘧蘧然周也。不知周之梦为蝴蝶与？蝴蝶之梦为周与？周与蝴蝶则必有分矣。此之谓物化。”

《庄子·齐物论》

Once upon a time, Chuang Tzu dreamed that he was a butterfly, flying about enjoying itself. It did not know that it was Chuang Chou. Suddenly he awoke, and veritably was Chuang Chou again. He did not know whether it was Chuang Chou dreaming that he was a butterfly, or whether it was the butterfly dreaming that it was Chuang Chou. Between Chuang Chou and the butterfly there must be some distinction. This is a case of what is called the transformation of things.

(translated by Burton Watson)

相当数量的学生都能从某种哲学的角度在一定层面上理解庄子这篇重要文章的含义。比较爱思考的学生会从存在和意识的关系来思考庄子的思想，这当然是最有分量的。其他的美国学生多半会产生一种比较自然的联想，认为庄子梦见自己变成一只蝴蝶，为什么是蝴蝶呢？因为蝴蝶是很美丽的昆虫，飞起来很美，很轻盈，薄薄的宽大翅膀忽闪忽闪，在鲜花盛开的花园里随心所欲，想飞到哪里就飞到哪里，是自由的化身。就是说，庄子用化蝶的方式在梦中释放自己，摆脱日常生活的羁绊。这是比较文学的理解，当然是很有根据的。任何文明和社会，都憧憬和向往自由。哪一个人不是这样？

庄子既是大文学家，也是大哲学家。他的文字，既有文学的形式美，也有深邃的哲思。这也是一个真和美结合的极好实例。看来真和美是相通相连的。从哲学思考来说，庄子在自己和蝴蝶之间转化视角；有时候从庄子的角度看世界，有时候从蝴蝶的角度看世界。他提出了这样的问题：在睡觉的时候，到底是庄周梦见自己变成了一只蝴蝶，还是一只蝴蝶做梦变成了庄周？这里有一个意识感知世界的问题。我们感知这个世界，都是从每一个个体特别的角度出发来进行的。从"我"的角度。那么，"我"是谁呢？"我"的意识是在这个世界里短暂的存在里形成的。"我"到底是谁？把时间延长，想象我们在来到这个世界上之前的"无"的绵长久远的状态，再想象当我们从这个世界离去之后，那也是一个无限绵长久远、不知尽头的状态。在我们存在于这个世界的时间里，这个存在不过是那无限长的"无"的状态中的一个极其短暂的"有"。我们就能那么肯定我们的意识都是很有把握的吗？

这篇短文的结尾，以"事物的形式产生变化（物化）"这个词表达了似乎是这篇文章的主题。庄子的一个重要思想是"齐物"，就是将世间各种生命体等同起来。各种生命体有大有小，生命有长有短，具有各种形体，有这样那样的特点，但在根源上，都是一体的，都同宇宙本源相通。各个生命体不过是生命大源的各种表现形式而已。在《逍遥游》里，庄子表达的就是这个意思。鲲鹏的体型巨大无比，蜩鸠是体型很小的普通小鸟。大和小是我们人类眼里看到的个体的差异，但就本性来说，全都来自一个总源。因此，关键是"适性"，不要去那么注意事物的差异性，而要看到万物一体这一重要方面。

二、混沌之死

南海之帝为倏，北海之帝为忽，中央之帝为混沌。倏与忽时相与遇于混沌之地，混沌待之甚善。倏与忽谋报混沌之德，曰："人皆有七窍，以视、听、食、息，此独无有，尝试凿之。"日凿一窍，七日而混沌死。

《庄子·应帝王》

The emperor of the South Sea was called Shu [Brief], the emperor of the North Sea was called Hu [Sudden], and the emperor of the central region was called Hun-tun [Chaos]. Shu and Hu from time to time came together for a meeting in the territory of Hun-tun, and Hun-tun treated them very generously. Shu and Hu discussed how they could repay his kindness. "All men," they said, "have seven openings so they can see, hear, eat, and breathe. But Hun-tun alone doesn't have any. Let's trying boring him some!" Every day they bored another hole, and on the seventh day Hun-tun died.

(translated by Burton Watson)

混沌的两个好朋友，一个叫"倏"，另外一个叫"忽"。故事中三个角色的命名就说明了很多问题。"混沌"是指天地未开的一体的状态，万物还没有生出来的原初状态；"倏"和"忽"都表示瞬间、短暂的意思，这是指宇宙洪荒的原初状态结束了，人类进入历史的状态，人们有了时间的意识、差别的意识。混沌同常人不一样，没有七窍，这里隐喻的是一种原生状态，这个世界原初的状态。后来变了，出现了短暂的存在，事物出现了差异；各不再相同。倏和忽出于对于朋友的关心，也为了报答混沌的友情，按照自己的审美标准，给混沌在脸上开窍。

混沌死了。因为他无法按自己的本性生活。他不能失掉自己的那种"真"的存在方式。倏和忽出于好心，却干了坏事。他们将自己认为好的东西，自己想要的事物，强加到了好朋友的身上，反而害死了好朋友。

Victor Mair 将"倏"译为"Lickety"，这个词来自"Lick"。英语里的复合词"lickety-split"含有 a short, rapit burst of activity, at great speed（短促快速爆发式的活动）的意思。这个短短的故事里有三个人物，虽然他们是好朋友，但是属于不同的两种人，倏和忽是一种，混沌是另外一种。前一种是匆匆忙忙地生活的人；后一种是悠然自得，没有多少欲望，喜欢过贴近自然的生活、原初生态方式的生活。

这个故事的情节很简单，两个朋友报答第三位朋友的招待，凭自己的主观判断，认为混沌长得和他们不一样，缺少了七窍，因此生活不幸福。为了让朋友幸福，他们开始在混沌脸上开凿眼耳鼻口七个孔洞，一天凿一个洞，到七天完成的时候，混沌就死了。

这个故事给我们带来的思想意义：

人的生活观不一样，有不同的生活理想和适合自己的生活方式。有的人一直在追求物质的占有和世俗的成功，一生大部分时间都在忙于囤积财富，追求新鲜刺激，生活的节奏很快，老是在追逐新的、时髦的事物。另外一种生活方式是按照人本性生活，天地将他生成什么样子，就安分乐天地生活，按照原初的样子、本真的样子来生活。如果将世俗的标准强加到这样的人身上，他们是很痛苦的，甚至生不如死。故事的结局是混沌失掉了自己的本真，虽然他脸上被开出了七窍，变成了常人的样子，但却失掉了更重要的生命。

不要主观地根据自己的好恶去判断别人，One person's trash is another person's treasure（一个人的垃圾是另外一个人的财富）。结合这个故事，我们可以倒过来说，一个人的财富是另外一个人的垃圾。倏和忽以为对自己好的，对别人也同样是好的。这里有不尊重个性化差异的问题。承认个人的差异，尊重个人的生活方式，是对人的尊重，是对人权的尊重。孔子说："己所不欲，勿施于人。" Never impose on others what you would not choose for yourself. 这里的问题是倏和忽依照自己的所欲，判断对自己好的，也一定对别人有好处。他们是好心办了坏事。问题在于自己所欲的，并不一定也是别人所欲的。因此不能强加于人。这里的问题是尊重个人选择；尊重别人的生活方式，不要去干涉别人的生活方式。

匆匆忙忙的生活和悠然自得的生活，是两种很不一样的生活，哪一种更好？很难有确定的答案。现代生活给我们带来的是速度越来越快的生活方式。我们不难猜测庄子对两种生活态度所持的态度，他是肯定混沌否定倏和忽的生活方式的。有趣的是似乎两千多年以前，庄子就预见到了我们现代人所面临的难题，而将他的回答以寓言的方式留给我们了。现在是全球化的时代，全球化无情地将各个以前孤立的民族强拉到一起来了，所有的人都面临几乎是同样的难题。庄子的故事，对我们有着深刻的启示。

庄子显然是赞美那种原初性的生活的。他批评的是后来逐渐脱离生命本源，过于人工巧饰的生活方式，那些由技术、技巧、人工带来的不自然的、负面的成分。我们今天当然无法脱离现代文明的种种技术性发明和由此带来的极大的物质便利，去过庄子和老子提倡的那种原创性的，现代人看来极其清贫的生活，这一点是肯定的。那么，道家思想的意义何在呢？它在于指出我们生活中的不足，我们生活中的缺陷。现代人痛切地感受到了现代文明生活的重大缺陷。道家的思想能够给我们提供一个清新的思考角度，一个含有大美的认识角度。

如果没有道家和其他富有智慧的思想，我们可能完全掉入黑暗的陷阱里了，连爬出来的力量和路径都没有。

三、钓于濮水

庄子钓于濮水，楚王使大夫二人往先焉，曰："愿以境内累矣！"庄子持竿不顾，曰："吾闻楚有神龟，死已三千岁矣，王巾笥而藏之庙堂之上。此龟者，宁其死为留骨而贵，宁其生而曳尾涂中乎？"

二大夫曰："宁生而曳尾涂中。"

庄子曰："往矣！吾将曳尾于涂中。"

《庄子·秋水》

Chuang Tzu was one day fishing in the Pu river when two senior officials dispatched by the King of Chu came up to Chuang Tzu to ask him to rule over the king's lands. Chuang Tzu kept a firm grip on his fishing rod. He did not even turn his head. He said, "I hear that in Chu there is a sacred tortoise which died three thousand years ago. The King keeps this in his ancestral temple, wrapped and enclosed. Tell me, would the tortoise rather be dead, having its bones worshipped, or alive, dragging its tail in the mud?"

The two senior officials said, "It would rather be alive dragging its tail in the mud."

Chuang Tzu said, "Shove off, then, and let me drag my tail in the mud!"

(translated by Burton Watson)

庄子在濮水钓鱼，是为了获得食物，才可以活下去。楚王派人携重金来见庄子，希望他能出仕为楚国服务。庄子用活在烂泥里的乌龟比被人供在神龛里的死乌龟快活做比喻，阐明了他的立场，拒绝了楚使，继续过着他物质匮乏但享有自由的生活。

按照当今社会的标准，庄子简直是冥顽不灵，不近人情，如同怪物。人哪能如此决绝于物质享受和权势地位呢？这是数量不少的现代人的“正常”的想法。

庄子不这样想。他认为如果接受了楚王的邀请，他将会失去自由，不再能过现在的虽然贫穷但自由自在，而且更为安全的生活。也不能说庄子的思想里没有一点实际的考虑。如果当楚国的官，就得听命于楚王，就得在凶险的政治涡流里沉浮了。庄子的这种思想，即使从实际的自身安全的考虑出发，按一般人的标准，也具有些许功利性的考量，有利益计算的成分在其中的。这是一种选择，一边是权势、声名和钱财；另外一边是贫穷，无名无权但是自由，不担惊受怕。

庄子视自由为最高的价值。对于他这样的人，失去了自由，就是失去了生命的意义。

供起来的神龟（死龟）和曳尾于泥中的普通龟（活龟）的比喻让选择的价值清晰化了。

神龟	=	死龟	泥里的龟	=	活龟
地位崇高		没有生命	地位卑贱		有生命有自由

选择是困难的，首先得了解被选择物的价值，当然这个价值实际上是自己定的。两个被选择物都是一个矛盾体。这个矛盾体的一面是显性的，另外一面是隐性的。只有经过价值的认定和对被选择物的价值分辨，才能作出明确的选择。庄子的态度用语显示出他选择的明确。他将事物的形式和内在性质用生动的隐喻形式表达出来，让人一下子恍然大悟，明白了其中的关系。庄子的价值判断很清楚，他将事物的表象和实质的关系清晰（哲学）生动（文学）揭示出来了。读者当然要大呼过瘾。

大文学家，其实也是大思想家。真和美，在他们的头脑中，常常是统一的。这篇短文，立意深长，揭示了庄子的价值观，也帮助人们清晰地认识到事物本身的矛盾性和各种观念之间的纠缠不清。思想力不够的人，注意的往往只是表面的现象，只有大智者，才能洞若观火地看清楚各种事物之间的关系。

庄子若接受了楚王的聘用，他就不是庄子了。这也是他和他的朋友惠子的不同。惠施是思想家，但其人生观是实利主义者。这同庄子将精神自由放在最高的位置是完全不一样的。庄子是一个真正地热爱自由的人，世间少有；古往今来，群星灿烂的众多的文明里，也不过就那么几个。

四、濠梁之辩

庄子与惠子游于濠梁之上。庄子曰："鲦鱼出游从容，是鱼之乐也。"惠子曰："子非鱼，安知鱼之乐?"庄子曰："子非我，安知我不知鱼之乐?"惠子曰："我非子，固不知子矣；子固非鱼也，子之不知鱼之乐全矣!"庄子曰："请循其本。子曰'汝安知鱼乐'云者，既已知吾知之而问我，我知之濠上也。"

《庄子·秋水》

Zhuangzi and Huizi were strolling along the bridge over the Hao River. Zhuangzi said, "The minnows swim about so freely, following the openings wherever they take them. Such is the happiness of fish." Huizi said, "You are not a fish, so whence do you know the happiness of fish?" Zhuangzi said, "You are not I, so whence do you know I don't know the happiness of fish?" Huizi said, "I am not you, to be sure, so I don't know what it is to be you. But by the same token, since you are certainly not a fish, my point about your inability to know the happiness of fish stands intact." Zhuangzi said, "Let's go back to the starting point. You said, 'Whence do you know the happiness of fish?' Since your question was premised on your knowing that I know it, I must have known it from here, up above the Hao River."

(translated by Brook Ziporyn)

这篇文章是显示东西方认识论差别的一篇好教材。庄子和惠子在濠水边散步，可以推测当时天气不错，可能是个晴朗天，气温宜人，不冷不热。庄子看到水中有鱼在游动，就说水中的鱼一定很快活。惠子不同意，说你不是鱼，你怎么知道鱼是否快活？惠子用反问的句式，意思是你庄子无从知道水中的鱼是否快活，你是在说些没有根据的话。

惠子立论的根据是人是人，鱼是鱼，人和鱼之间由于种类不同而不能沟通，庄子判断鱼快乐没有根据。显然，惠子是按照形式逻辑的思考方式来作出这个判断的。

那么，庄子认为水中之鱼是快乐的，他的根据又是什么呢？他的根据是当时天气好，周围的景色好，自己的心情好，所以"感觉"周围的一切都好，水中的鱼，在水中自由地游动，肯定也是快乐的。庄子因为自己的心情好，就从鱼儿游动的动作中"辨认出"鱼也是快乐的。

庄子的判断也许是对的，也许不对，但无法确定。惠子说庄子无法同鱼交流感情和思想，因此无法知道鱼的心理状态，也有相当的说服力。

惠子是根据"认知"的方法来判断，也就是用理性分析的方法，从"知"的角度和视野来分析这件事情。他认为，庄子无法"得知"鱼是否快乐。从逻辑的角度看，惠子是有根据的。

庄子则是从主观的心理感受的角度来看待这个事情，他不管客观实际如何，只是从自己的主观感受来"看"这个世界。可以借用心理学的"移情"（Empathy）和"投射"（Projecting one's feeling into feelingless objects）来分析这个案例。庄子是"注情于物"，将自己的感受移到了鱼的身上。

但是，庄子也不是一点客观的根据也没有。他看到鱼在水中游动的活泼样子，因此参照他自己在美景和宜人天气中产生的好心情，推断鱼当时也很快活。所以，庄子不是用毫无客观的根据来作出判断的。如果当时天气很热，气压很低，太阳很毒，水里的温度也不低，很可能水中的鱼也会感到不适，游动起来懒洋洋的。但这不是庄子当时看到的鱼在水中的表现。所以也不能说庄子的判断完全是主观的。他有一定的客观根据，再加上自己的主观感受和合理的想象，因此推导出鱼的快活的这个结论。

惠子的思想方式是形式逻辑式的、概念性质的。他认为，人和鱼是两种不同的生物，他们之间无法进行思想和感情的沟通交流。惠子的思维方式在古代中国不是主流形式，而是一道支流。他的思想方式很接近古希腊的逻辑概念思维方式。根据惠子的思想，作为人的庄子是无法了解水中的鱼是否欢乐的。惠子问庄子："你不是鱼，怎么会知道鱼之乐？"庄子显然不喜欢惠子这么直接了当的问题，太不客气了。因而他也以同样的口气反问惠子："你不是我，怎么知道我不知道鱼的快乐?"庄子这样讲话，除了情绪以外，还很有点狡辩的意味。如果按照惠子的逻辑，人和鱼之间因为是不同的种类不能沟通思想感情。但是他和庄子都是人，自然可以通过语言和其他方式沟通。这个逻辑推断是合情合理的。惠子听到庄子这样回答，就接过庄子的话来，说："是的，我不是你，所以我无法知道你知道鱼的快乐。但是你不是鱼，所以你也肯定不知道鱼的快乐。"

庄子这个时候知道如果顺着惠子的逻辑，他在这场辩论中肯定是输了。他非常聪明，马上跳出惠子的逻辑架构，从惠子的问话语义中挑毛病，说："让我们回到谈话的开始。当你问我：'你怎么知道鱼的快乐的时候，'你已经知道我知道鱼是快乐的了。我知道鱼是快乐的因为我在濠河桥上散步。"

庄子感觉到自己落入了惠子的逻辑里，就采用跳出这个逻辑，抓到惠子开始的问话形式中潜藏的缺陷。这是个语言形式的问题。可以说惠子并没有这个意思，但是他的问话形式可以被解释为含有这个意思。庄子抓住这一点，扩展开去，将辩论转向为对自己有利的方向。

显然，按照惠子逻辑推理的言谈形式，庄子其实是在狡辩。他的聪明之处是不接惠子这个茬，利用语言的不明晰性，将惠子的逻辑推理置于无用武之地。这种不接茬的办法确实很高明。如果庄子不这样做，他就输了。

尽管如此，这场辩论的输赢比起另外一个问题来，却并不那么重要。庄子最后一句话在阐述他的观点是很重要的。他说"我知道鱼快乐是因为我在濠河桥上散步"。译者使用了"stroll"这个词，其含义是"to walk in an idle, leisurely manner."中文的意思是"悠闲散步"。这就暗示散步者的心情很好，因为他在天气很好、风和日丽的时候和友人从容悠闲地在河边桥上散步，心情一定惬意。在他眼中，水里的鱼也在快乐地嬉水。

五、学生评论

萨伊德·塔基姆　Syed Tazim（2013 年春季）

自然的力量实在太强大。自然有自己做事的方式。因此我们所有的人都应该让自然做它做的事情，对自然不加干预，或者卷入对自然标准的评定之中。如果干涉自然，如在《混沌之死》这个故事中发生的一样，会造成巨大的悲剧。混沌之所以死亡就因为他的朋友干预了自然的安排。有的时候，一个用心良好的动机会产生很坏的结果。这就是为何我们不应去干涉自然，而应按照自然的制定的规则去生活。

张行　Xing Zhang（2009 年秋季）

《庄周梦蝶》这篇文章表达了庄子是如何看待世界的。如果我们能打破生和死的界限，达到一种忘记这个世界和我们自己的状态，我们能真正地感到幸福。庄子还表达了这样一个思想：我们无法分辨清楚事物的真相还是我们的想象。如果做梦做到异常真实的时候，我们不清楚我们是在做梦还是在真实的生活之中。生活和梦想都是现象和变化的状态。我们通过感官感知这个世界。被我们感知的外部世界可能是真实的，也可能是虚假的。庄子在这里提出了一个重要的哲学命题：我们如何能够认识这个世界？我们如何认识我们自己？笛卡尔是这样回答这个问题的："我思，故我在。"他的意思是我们自己能够证明我们存在的唯一的根据是我们肯定知道我们在思考。

庄子希望人们能够认识他们自己，回到自然，乐天知命。

瑟基·格林霍斯　Serge Grinholz（2010 年春季）

庄子的"物化"论（梦蝶）：①庄子指的是世间各种生物可能都是处于一个平等位置之上，我们可能在世间某时"变形"为某一个生物。这样的意思主要讲的是平等。②庄子将物化看作一个过程之中的部分（状态），如同阴和阳。在梦中，他是一只蝴蝶，醒来之后，他是一个人，但他还有蝴蝶的感觉。庄子没有真的变成一只蝴蝶。不过，他也没有将醒着的时候看得比梦中更好。物化过程中的任何一部分都是他人生感知的一部分。

混沌之死：①混沌死于好心的朋友在他脸上钻眼。朋友们判断混沌缺少"正常"感觉器官，觉得可以给他增加这些器官。这段文字的主题是凡是自然的东西不应当去改变它。有的时候，我们是什么样子就应当保持原样。②倏和忽注意到混沌脸上没有孔洞，想帮助他，就在他脸上钻孔，结果害死了混沌。这个故事的主题是我们人类不是"无所不知的"。如果我们以为我们什么都知道，自以为是，必定会去干傻事。知识和经验之间，存在着一段距离。

庄子说他在濠梁上散步就知道鱼是快乐的：①庄子觉得他能对鱼的简单生活产生共鸣，他认为鱼和人都向往过一种简单生活。鱼的生活简单不复杂，人有时也希望生活如此。②庄子的意思是一个人对现实的感知就是现实。人在看到鱼在水中游动时就感到了鱼的快乐——谁能说他不对？他对现实的感知如同任何人对现实的感知一样重要。因为他感知到了一些东西，被感知的就这样变成了现实。

心灵的自由

布莱恩·奈特 Brian Knight（2009 年秋季）

“庄周梦蝶”，从表面上看，我相信庄子的这篇故事是一个对心智超越身体能力的思考。心灵的下意识层面是抽象思考的地方，在那里人最深层的（精神和感情）需要得到变形和满足。蝴蝶是自然魅力和自由的象征。回到原初的状态是令人愉快的，是人的本性。蝴蝶要通过一系列的真实的身体蜕变才能实现其真正美丽的体态。可能庄子是用“梦”作为隐喻来表现人从粗糙到美丽的进化。在这个意义上，也反映出一些儒家关于人的修养过程的思想。

在“濠梁之辩”里，惠子的认识角度是庄子是人，所以他不可能知道成为一条鱼是怎么回事。惠子的观察是立足于现实的。但是，人的心灵能够对现实进行抽象并从中获取经验和知识。在这个意义上，庄子的这个故事同他的《梦蝶》非常接近，也同样是关于变形进化的隐喻。

谁看到一只雄鹰乘着热气流划破蓝天直插云霄的景象，都会受其感染觉得能像老鹰在蓝天自由翱翔是一件多么自由惬意的事情。想象无止境。谁没有做过飞翔的梦和想象过翱翔蓝天的快感？身体无法做到的，就让心灵来办到吧。

最早的相对论

布莱恩·麦克休 Brian McHugh（2010 年春季）

庄子思想的主题是所有的事物都是相对的，没有绝对的事物。对事物的评判取决于个人的角度。在《庄周梦蝶》里，庄子讲到他觉得自己变成一只蝴蝶，对世界的感知，就像他作为庄周的感知一样的真实。这样说来，除了庄周之外，谁能说得清作为蝴蝶，还是作为庄周的存在是一场“梦”？（庄周觉得他是蝴蝶，他就是蝴蝶；觉得他是庄周，就是庄周。）即使人在清醒的状态，也能被看作在做梦。

在“濠梁之辩”里，同样的主题又出现了：惠子无法确定他知道庄子所感到的“事物”，因为他没有从庄子相对视野（个体的角度）感知事物。

这种个人相对感知事物的观念让我想起了日本的一部老电影《罗生门》。这部著名电影讲的是一个人被以杀人罪起诉。但是，每一个出庭证人讲述的事情经过都不一样。这部电影要想表达的思想是每一个人都是自己对事物认知的奴隶，无法找到脱离个人观点的真实记录。联系到庄子的观点：每个证人都不过是在讲自己版本的真理，谁能说自己讲的就一定比别人的更真实？当记录“现实”的时候，每一个人的认知，或者说观点都应当受到同样的尊重。

我很喜欢庄子，特别是“混沌之死”，这个故事极好地刻画了人类的愚蠢。庄子的文字短小易读，但是从这些简短的文字中，读者可以读出很多的意义。

庄子的自由观

马克西姆·廖申科　Maksym Lyashenko（2010年春季）

“庄周梦蝶”告诉我们庄子梦见自己变成了一只蝴蝶。庄子喜欢变成蝴蝶因为他觉得变成蝴蝶就获得了自由，感觉令人非常愉快。事实上，庄子甚至不清楚什么是现实。他究竟是一个人还是一只蝴蝶？我觉得作者是想表达这样一个思想：蝴蝶代表了自由，心灵的自由，想象和做梦的自由，如同蝴蝶不会总是被地心引力吸附在地上，在梦中，我们也能挣脱世间俗务拘绊，获得自由。

最后一个故事描述了庄子和惠子在濠河边上的一场辩论。辩论始于庄子说他知道水里的鱼很快乐但是惠子不接受他的说法。这个故事可以说是关于中国哲学家和西方哲学家的基本分歧。庄子的观点代表了中国传统哲学中自然与人合一的主流世界观，惠子的思路则反映了西方强调逻辑思辨形式的主流哲学传统。惠子的论点是庄子不是一条鱼，所以他不可能知道鱼的快乐。庄子的回答是他知道鱼的快乐因为他在濠河边上漫步，因此可以观察到水中的鱼，可以推知鱼也是快乐的。

我个人完全同意作者在梦中人获得自由的观点。我也认为我们在做梦的时候，心灵摆脱了各种限制；我们可以当我们平时想当的人，去我们想去的地方。在梦中，社会现实消失了，我们周围不完美的世界也不见了；一个随心所欲、自由想象的新世界出现了，在这个世界里，我们可以真正地获得自由。

“混沌之死”让我想起《圣经》里描述的上帝如何在七天中创造了世界。这两个故事除了讲到七天的过程之外，其他方面毫无共同之处。在《圣经》里，上帝创造了世界和所有的生物。然而在庄子的故事里，世界没有被创造，而是世界被从混乱中带到了和谐之中。

庄子的超越

查那亚·戈德曼　Chananya Goldman（2010年春季）

庄子是老子之后道家的重要思想家。《秋水》应当是出自庄子的七个“内篇”

之中。这篇文章的中心思想是相对论。大小、数量、思想框架、个体视野，全都是相对的观念。相对论完全是个现代的观念。庄子显然超越了他的时代。

关于庄子的“物化”观念，庄子试图显示个体的视界可能歪曲真实。真实是他无法确知是他梦见蝴蝶，还是蝴蝶做梦梦见了他。所有的一切都是相对的。

“混沌之死”这篇寓言的思想是人不应当与自然对抗。道家思想认为，人应当服从世间事物的自然次序。混沌没有七窍，就让他没有就好了。这篇故事是讲两个朋友想着为一个朋友做点好事而去改变朋友的自然状态来符合他们的标准。这篇短文强调了混沌的死因是他被强迫离开了自己的自然状态。

保持自然

麦丽萨·瓦斯库卡斯　Melissa Vasikauskas（2013 年春季）

悠和忽脸上有七个孔，一个用来吃饭，两个用来嗅，两个用来看，两个用来听。他们为七个洞孔给他们提供的种种享受感到很满意。他们想与好朋友混沌同享这个快乐。悠和忽开始给混沌脸上钻孔，每天钻一个，到了第七天，混沌死了。这个寓言告诉我们如果东西不坏，就不要修理它（无事找事的意思）。尽管两个朋友出于好意，但是他们根本不应该去改变养育了他们的自然。

在《濠梁之辩》里，庄子设法避开惠子的逻辑推理，他用简单观察鱼在水中自然游动的状态来证明鱼是快乐的。因为按照道家的哲学思想，符合自然状态的就会是快乐的。

认识的相对性

罗伯特·加布里尔　Robert Gabriele（2011 年夏季）

以前觉得中国文化难于理解，这是古代地理隔绝造成的。刚开始读《庄子》，看不懂是什么意思。第二遍阅读时理解了一些作品的含义。比如，混沌之死讲的意思是不能自以为是，将自己对事物的评判标准强加到别人头上。这样的观念也同样是美国社会的一个重要思想。中国人的思想同其他人的也差不多。

我发现我的很多想法同老子和庄子有共鸣。庄子将老子的思想推向更加神秘的视角，虽然我不认同道教的偶像和中国民间神崇拜，我确实在内心接受道家哲学并将之付之生活实践。

我认为，庄子思想最突出的特征是其多维度的思维（一般称为相对论思想，译者）。多维度思想是两种不同的生物（存在物）会从两个不同的维度来看待一个事物。

例如，所有的男人都认为李姑娘是大美人，但是水中的鱼一看到她就沉到了水底。

男人喜欢李姑娘但是鱼不喜欢，鱼怕她。李姑娘只是在男人的眼中才是美丽的。在一个名词前是否加上一个形容词，取决于作出观察和判断的人的视角（视野）。这是对儒家学派的正名理论的直接反驳。我觉得正名论导致形成一个不合理的偏执盲从的社会，在其中人们被迫按照别人的期望和别人给予的身份来生活。道家思想认为，如果这种人为的期望被消除将会祛除偏执盲从社会里人与人的冲突。李姑娘的故事显示了这种社会期望和标签是空洞无物的，因为一个人的观点可以完全不同于另外一个人的。我得出了这样的想法：“不要有意地在别人身上贴标签并期望别人的想法同自己一样。”

第八章　儒道释三家异同

一、儒家的“道”与道家的“道”

儒家和道家都使用“道”这个概念，但是两家赋予这个字的内涵却很不相同。儒家是入世人生哲学，这个哲学建立了自己的理想人格。“仁”是儒家基础性的价值概念，决定着其他的观念。“礼”这个概念是外在的伦理行为形式（仪式），用来规范人的行为，但是外部的道德伦理规范必须有内在的，发自人心最深层的爱的需求。这个内在的，发自内心深层需求就被称为“仁”。儒家的“仁”，将他人当作同自己一样的人，对人有关爱心、同情心，尊重他人的人格，将心比心，推己及人。

一个大问题是怎么样才能在日常生活中达到充满仁爱心的修养程度，这显然是不容易之事。各个人的悟性是不一样的，所处的环境也不一样。环境对人的负面影响是非常大的。因此，必须有一套框框套套来规定人和人之间的关系，来影响人的相互对待的方式。因此，中国在3000年前，“周公制礼”，建立了一套非常复杂、涉及社会生活方方面面的伦理规定，规范人的行为举止。孔子发现光是有了“礼制”还不行，即使人人都照礼制行事，毕竟还是一套死板的行为规定；而且搞得等级森严，脱离内心，切断了来自人自然本心的要求。因此，必须要发展“乐”。要有音乐，要让人快乐，要通过音乐表达人的感情；同时，也通过音乐引导人的感情，使人更为温和友善，从音乐到快乐，心情舒畅，这样就会取得群体的和谐。

儒家的“道”是一种伦理价值标准，是儒家人生和社会的理想标准，也是儒家的支撑性精神力量。后来出现的“道统”这个观念就成为儒家知识分子用来对抗违反儒家人生社会理想的精神和理论武器。

儒家关心的如何在人间建立一个和平的社会，在其中人们可以和谐相处。儒家不大关心宇宙和自然，主要用力在从人心中开掘可以建立一个和平社会的因素和潜力，再辅以训练和环境的改造，人心和社会，相互影响，从个人和社会环境两个方面下手，达到比较理想的状态。

儒家被称为是“入世”，而道家被称为“出世”。“入世”含有基本肯定这个世界的很多既有的制度和生活方式；同时又怀有一种建立更好社会的理想，要改造这个社会。道家的“出世”则表示对现存社会状态的基本否定态度。

道家的“道”是超越伦理价值意义的，具有本体意义的概念。道是实存而无形的。就是说，道存在，但是你看不见，道在工作，无处不在，日月交替，四季变化，万物生长衰老死亡，都是道的体现。道家也有社会价值追求，但是他们的价值追求是建立在遵循自然万物遵循的“道”的规定之上。道家不费心去建立一套复杂的伦理规范，而是追求按照“道”的原理来生活；走完全简化的路线，“返璞归真”，不追求文化和社会的发展，只求保持人心的淳朴。

道家的世界观认为万物总是处于变化之中，每个具体的变化轨迹都是一个圆周过程，从小到大，从弱转强，达到高点之后则走向衰退，由强转弱，再由弱转强，万物都遵循这一不断变化的过程，老子在分析任何具体的事物时，总是从观察一个发展过程的角度来看。也就是说，老子不将事物看作一个孤立不变的现象；不像西方哲学家宁愿将事物看作一个不变的实体（Entity）进行分析。西方思想者的观念是首先将事物性质确定下来，再力图分解为最小的概念单位，然后再去探寻各个概念之间的关系。这种思想方法是找出经过抽象之后的各个概念之间的关系，以建立一个清晰的概念关系架构。西方认识论的优点是条理清晰，缺点是容易忽视事物的动态变化和动态的关系。

道家将事物的存在状态看成一个动态的过程。所以，道家是以发展的观点来看问题的。正因为如此，就不将眼前事物所呈现的现象看作静态的、不变的，而是在设想下一步该事物的发展情形。换句话说，道家更为重视的不是事物存在的表象，而是事物变化的可能性，事物的潜能（capability，possibility，potency and latency）。老子观察到生命在早期阶段表现出柔软、嫩弱的特征，到了晚期阶段则呈现刚硬的特征，动物和植物都有同样的表现。老子也观察到柔软的物体常具有弹性，当强力压迫的时候能够弯曲；而刚硬的物体在强力超出自身耐受程度即会折断崩溃。老子将两种事物特性归结到一处：幼/小—柔/软—有韧性（生命力更强）—向着强大转换，衰老—僵硬，进入衰退和结束的阶段。

道家从过程性的角度看待事物，将事情的发展变化视为常态，弱小到强大，再到衰亡，循环往复，从生到死，从无到有，道家重视事物的发端，即开始出现的状态，从无到有的转化。老子要人们改变观察的习惯，从重视“有”转而重视“无”；世间存在着无数的“无”。这些“无”同“有”一起构成了我们的世界。

道家的重要观念“无”，含有虚空的意思。对于西方人来说，很难解释清楚这个概念。有的学生提出“无”是不是接近“potential”的意思。这个词在英文里的意思是“潜力”，就是事物内涵的一种可能性，但是没有显现出来，将来可能变为现实。是一种看不到，但是你不能说它不存在的“力量”或者“能量”。这个学生的讲法很有意思。潜力这个词确实含有道家观念的色彩，因为它存在，但又看不见。道家思想喜欢讲的就是这种看不见，但又在起作用的力量。“道”就正是一种看不见，但又无处不在的伟大力量，是宇宙万物的支配性的规律。

如果说西方的大传统是研究实体的哲学的话，道家注重的就是那事物“虚”的一面。道家思想的核心观念是阴阳互动，是一个对事物采取动态认识的思考方式。这种认识方式将事物看作一个不断变化的过程，而不是一个静止不动的现象。这种将事物看作处于变化的过程之中的认识，自然要在脑中想象出未来的，现在还未出现的图景。就如同下象棋的人说一个棋手的水平高，是说其能比对手看得更远，能看出更远的可能性，也就是能看出事物变化的趋势。在变化还处于内部的时候，是隐性的；在逐渐成形的时候，才转变为显性的。

人难以认识“道”，是自然的，因为人的感官只适合感受到“有”而不是“无”。

辩证法思维是观察事物变化过程的认识方法。因此过程性和动态性是其特征，正因为其特有的过程性，这种思想方法更为看重被忽视的、被遮盖的、隐蔽不显的事物矛盾的另外一面，即“阴”或者“无”。道家哲学又是强调生命的哲学，注重的是生命的创造，生命是从“无”中创造出来的。因此，无物的空间，或者是过程中“无”的阶段，才是老子视域的焦点。

西方人的思维注重实体。从古希腊开始，他们喜欢的就是研究“有”，就是“存在”，而不喜欢思考“无”，也就是“非存在”的问题。所以，海德格尔说西方人从苏格拉底之后就专注于存在物的“存在”而忽略了人的“存在”。尽管这里的“有”和“无”的问题和海氏讲的不是同一个问题，但是两者之间有联系。

“天道”可以说是现象上的昼夜交替，季节变换，天体运行。这些都是现象，但是，这些现象背后都有着那不变的“道”。“道”是在按照圆周形的轨迹显现，产生作用。所以，老子看事情比众人看得深，看得远，这是因为道家看事情是从现象看到了现象背后的规律性的力量，看到这个力量的轨迹，可以清楚地预估一个过程中的阶段。

“不出户，知天下；不窥牖，见天道。其出弥远，其知弥少。是以圣人不行而知，不见而明，不为而成。”（《道德经》第四十七章）老子这段话的表层意思好像是反对“读万卷书，行万里路”。其深层次含义是如果对大的问题缺乏思考，不具备对“道”的认识，一个人尽管游历过很多地方，见过很多不同的生活现象，但他的认识只会滞留于浅层的了解，不会具有大的创造力。认识世界上的事物，可以通过学习前人积累的知识，通过理性的思考，了解这个世界运作的基本原理。

读书的经验和旅行的经验也是一样的。读的书再多，如同虽然到过很多地方旅行一样，如果缺乏自己的思考，还是不能获得真知。所以老子说“为学日益，为道日损”。孟子讲的：“尽信书则不如无书。”庄子讲：“生有涯，学也无涯；以有涯对无涯，此生殆矣。”孔子说：“学而不思则罔，思而不学则殆。”叔本华讲过别人几吨的知识不如自己一盎司的思想。几位大人物讲的意思其实差不多，只是角度不同而已。他们讲的，都是讲不要只会朝外看，盲目地积累知识，这叫做“死读书，读书死”。

二、孔孟比老庄容易理解

为什么会这样？一个重要的原因是孔孟的思想的范围集中在人类社会

生活方面，关心的问题是如何建立群体的和平生活，人与人之间如何能够比较和谐相处的问题。老庄的思想中有相当一部分也是关于社会群体和谐相处的思想，也有道家理想的社会模式，一个和平不争的社会。儒道两家在建立和平、消除人与人之间的争斗这个理想方面是一致的。

儒道两家的差别主要表现为两个方面：一是儒家将精力集中在社会问题上，努力要找到解决长治久安的问题，对于其他比较理论化的问题、哲学性的问题，不愿意花时间和精力去思考。为达到社会稳定，社会各阶层人民能够安居乐业，儒家采取的是在人的教育上下工夫的办法。儒家在这个方面下了很深的工夫，做了很扎实的研究，也提出了很好、很有效果的方案，其结果是影响了中国甚至东亚2000多年的人心，成为这个地区的政治、社会和个人立身处世的最基本的思想系统。

可以说儒家的思想是务实的、以人类社会为中心的伦理道德思想。而道家的思想的注意力在于“道”，就是自然的规律。道家认为自然的规律是最根本的法则，人类社会应当以自然为师，任何活动都顺应自然，以不违反自然为准则。如果一个社会能做到这一点，这个社会就不会有层出不穷的矛盾。道家仍然具有对和平社会的强烈向往，不过他们采取的建设和平社会的方法完全不同于儒家的人文建设的方法，即礼乐制度。

儒家的方法是精英领导制度，让一些读了很多书的人建立一些伦理制度和行为规定，确立善恶美丑的标准，再将这些标准推广到整个社会，影响人心。

道家认为儒家的方法过于繁琐，人工的痕迹太重，其副作用是会让人偏离自然的正道，生活在人为的道德的框框套套里。这样的制度一是桎梏人心，人生活在道德的教条之中；二是会给虚伪奸诈之人机会，使用冠冕堂皇的词语，谋取个人私利。

道家提出的社会理想，是人类社会应当直接以自然为师，过一种简朴贴近自然的生活。这样不需要有一些聪明人来挖空心思想出一些道德教条来规范人的行为。简朴，以自然为基准的简单质朴的生活方式，就是道家提供的社会生活和个人生活的规范。这就是人心以自然的“大道”为准，去除各种人为的道德标准，在社会中不分善恶美丑、贵贱高下种种的伦理和审美的价值标准。这样的社会里，大多数人是无知的，同时也无欲的。因为知识和欲望往往连接在一起。比起聪明的人类来，动物没有什么知识，但也没有什么欲望，有个干燥通风、温暖凉爽的地方睡觉，不难找到吃的，能够维持生命活动能量的食物，这就够了，还需要其他什么呢？

动物除了基本的生理欲求之外，没有人类那么多的贪得无厌的欲望，所以动物没有烦恼，只有人才有烦恼。人的烦恼来自人类特有的无穷的欲望，这些无穷的欲望是受到刺激而产生的。知识是一种刺激，交流是一种刺激，看到别人有的自己没有，就会心生羡慕，羡慕了一时得不到，就会难受，这就是一种刺激。

道家的观点，听起来很极端，但很有道理。要求现代人完全按照道家提出的社会理想去组织社会、管理社会，要人回归自然，放弃种种的文明成果，是不可能的事情。但是，道家思想在帮助现代人以较为冷静清醒的眼光来认识现代生活方式的弊病，有很大的警醒作用。道家对人类文明的思考，发现了人类社会的很多弊端。比如在很多时候人是在很愚蠢地活着，一辈子辛辛苦苦劳心劳力地追求一些并不是真正符合人性需求的事物，平时所说的身外之物。

因此，建立和平社会的理想方面，儒道两家具有一致的目标。但是在实现这个目标的方法上面，两家的思路大相径庭。道家是直接以自然为师，要社会折返回去，返璞归真，将刺激人的欲望的条件，减少到最低限度。这样，生活方式是简朴的，人心也就是简朴的。人在最接近大自然的情形中生活，过着无忧无虑的生活。道家将当时人命微贱毫无安定保障的社会生活根本原因，归结为人的欲望的无限膨胀，导致兵祸连接，人民痛苦之极。所以，道家攻击的是人的欲望膨胀的罪恶，将其归结为所有社会问题的症结和根源。在这样的认识基础之上，道家提出无论社会和个人，要想平安有序，具有愉快安定满足的心情，都要遵循自然简朴之道。

道家对社会生活的理解无疑是深刻的、颇有见地的，可以说抓住了关键。人类必须在永无止境的对物质和新样的追逐中，才能得到幸福感吗？才会感到自己生活得充实和愉快吗？

人的生活的满足感从何而来？买一辆新车，新鲜激动的感觉，大约一个星期就淡下去了；人住在大房子里，每天吃到各种各样的美食，开着名车，不愁钱，是不是就会感到生活很幸福？对有些人是这样的，但是是对发展起来的人，这样的生活方式并不能完全让人快乐。因为人是有精神需求的动物。

看来，从教学的角度出发，介绍道家对社会的理念，社会和个人生活理想模式，也不是很困难。将道家同儒家比较，举出丰富的贴近生活的例子，也能让学生感到是合理、能够接受的，甚至是有价值的。

不过难的是让学生理解道家哲学的那一部分，道家对自然之道的理解和解释。教学当中发现要给学生解释“道”、“阴阳”、“物极必反”和“无”这些概念和观念是很不容易的一件事。

困难首先来自道家哲学不同一般哲学思路的辩证法思想。道家对中国乃至世界的贡献，有两个方面：一是返璞归真，限制欲望的快乐生活方式；二是其阴阳辩证认识论的自然哲学。这两个方面的思想是紧密相连的一体。道家的社会政治理论，是建立在其对自然认识的阴阳辩证学说基础之上的。

道家的辩证哲学不容易理解，是因为大多数学生不熟悉这种思维方法。西方的学生，接触的思想方法基本有两个来源：一是古希腊的形式逻辑的理性思维方法，二是基督教的宗教神话思维方法。对于《周易》里揭示、《老子》里发挥的阴阳辩证思维方法，感到摸不着头脑。这其中原因在于阴阳思维同前两者思维方式大不一样。形式逻辑思维方式讲究概念的严谨、形式的清晰、推理的严密。宗教思维方式使用隐喻，更依靠无需思考检验的接受。由于这些宗教的隐喻在社会生活中大量存在，人们已经习以为常。特别对于接受基督教教义的学生，不会对那些假定的说法有过怀疑的思考。现在学习一种既不是按照形式逻辑的推理方法，也不像基督教从教义的假定出发，如同讲故事般地叙述，学生就难于接受了。

介绍道家思想方法，可以举出生活中由盛转衰、由强到弱的现象和过程。比如：春天树叶抽芽，秋天由绿转黄，最后叶落归根，化为肥料，来年树上又生出满树翠绿的新叶；或者是人的一生由婴儿长成青年，再进入成年，最后到老年。总之，事物的出现到消亡，总是遵行一个循环往复、周而复始的过程。中国古人为什么会产生这样的认识？这同中国是历史悠久的农业文明有极大的关系。以农业为生的人会特别注意气候季节的变化会影响到农作物的成长，而农作物的生长是呈现周期性的。因此说农人比靠畜牧业为生的人更为注意季节变化的细节，也是可以说得过去的。中国古人一双农人敏锐的眼睛注意到世界上到处都存在生命的过程，将这个现象总结为“生生不息”（Life in endless succession）。

三、道家和佛学的“异”和“同”

这是一个很有意思的题目。长时间以来的印象是道家和佛学有不少相通之处。西汉佛教传入中国时，就是托身于道家的形式来发展的。这说明两家至少在形式上有相似的地方。一直有一种印象，即道家和佛学是同路人，两家的大方向是一致的，往一个方向走；向往的生活是一种清心寡欲、冷静清明的状态。两者的共同之处，在于对一种世俗所追求的满足感和享受的生活方式，持否定态度；两种哲学都要求对这种生活方式进行严格冷静的审视和反省。道家致力于自保，提倡回到自然中去，过纯朴自然的生活，弃绝人为的种种虚饰，按照人的真实自然本性生活。这样人就不会劳心劳力，甚至为了占有更多的物质和权势为虚妄的事物争斗一生。

道家要求人以自然为师，万事都顺应自然，不要追求人工的虚饰，这样人的天性就发挥了纯朴自然的一面，人与人之间的冲突就会减少到最低的程度。这种思想同卢梭的“高贵的野蛮人”观念，有相通之处。卢梭在其获奖成名的论文中发表了文明生活使人堕落的观点。

佛家对现世汲汲于物质权势的生活否定得更为彻底。佛家认为，人世间的种种存在物都是虚幻的。这就是佛家“空”的核心观念。道家讲的是“无”，听起来好像两家讲的是一个意思，实际上有很大的差异。

如果将佛道两家对待现世生活的态度定位为弃世立场的话，佛教的立场来得更为彻底。佛家认识世界的方法也同道家大不一样。佛家采取的是分析的方法，从对人的感性认识进行分析来认识自我和世界，通过感官功能深入细致地分析人的意识来源，从而让人认识到人们平时看到的具有“实像”的物体，并没有永恒性；万事万物都以一定的条件存在，这些条件消失，万事万物也就消失了。

在佛学观念系统里，时间是一个关键的因素，时间会改变一切。在佛家极长极大的时间观念里，出入“真如”的佛性之外，没有什么是永恒的事物。我们看到的万事万物，都不过是转瞬即变的现象而已。佛学各家各派深刻博大的理论，全都建立一个最基本的认识上面：“缘起性空”。这四个字是两句话，“缘起”和“性空”。前后两句之间具有因果关系。“缘起”的意思是所有的物体，都是因某些条件碰到一起而产生的，这些条件改变了，或者消失了，那么这些事物也就随之消亡了。也就是说，所有的事物出现、存在，都是有条件的，不是无条件的。我们一般人不会麻烦去想造成事物存在的原因。我们平时两个人刚刚认识，就会说“有缘法”，意思是有缘相见。其实背后的深刻的佛学道理是冥冥之中万事万物是有联系的。这是佛家的另外一个重要的思想，就是“holistic view”，一般翻译为整体性的观点。万事万物存在的条件是相关相联的，叫作“梵我同一”，就是说世间万事万物现象万千，背后制约它们的条件是一定的。所以佛教才有“业”或者是“业力”这个概念，英文叫作“karma”，汉语最早翻译为“羯磨”。

正因为万事万物都是因某种条件出现和存在的，我们平时只是注意到事物的“实像”或者说是“实在的表象”（色），而没有用心注意到事物产生和存在的条件（原因），只有经过深入的思考和探查才会发现原来背后有各种原因。佛学经过长时间的分析研究发现我们的感觉并不是牢靠的，用来作为认识的手段常常是误导人的。而我们所谓的理性思考也是有很大的瑕疵的，“概念”也是不真实的。概念只不过是给事物的命名而已，而且在给人带来方便的时候，也带来了巨大的麻烦和混乱，并不能帮助人对世界的认识。我们认识的一大误区是人将自己的意识当作了一部分客观事物。

正是建立在这个认识上，佛家提出了“性空”观念。就是说，世界是“空性”的，万事万物不是永远存在，实实在在地存在那里。万物都在变化，只是我们用人类有限的视觉和时间感觉，难于察觉而已。我们如果能认识到世界万物存在的性质，我们就会看低很多人的世俗追求不过是自己骗自己的小闹剧而已，不过如同小孩玩的肥皂泡泡。想到这里，觉得人的观念决定一切，人怎样看这个世界，从什么角度，什么样的价值观，得到的结果天差地远，风马牛不相及。当然，视觉，还是有宽窄；价值观，还是有高下。就拿价值观来说，有的低级，有的高级，低级和高级的差别或许可以用同动物性存在的距离来判别；越是接近动物性的越低级，越远离动物性的也约具有精神性，也就越高级。动物性和精神性是比较好的一对人性分析范畴。人性其实就是二者的合成。两者相通相连，矛盾冲突，激发出很多内容。

再回过头来看道家，道家的核心观念是“道”，其存在状态是“无”

(emptiness/nothingness/formlessness)。“无”的意思如同“空”一样，不是说完全的空虚，什么都没有，而是说道没有定形，但无所不在，无物不含道，也许应该翻译为：It does not have a certain form，it is formless，yet，it is everywhere，in everything。

那就是说，佛道两家的认识论建立在“空”和“无”这两个概念上面，两者的最大相似点在于我们看事物的时候，都不要被表面现象所迷惑，表面现象是假象（缓和一点，说成是往往是假象，这样就不那么绝对）。佛家要人们认识事物的实像背后的因果关系（Causal Relationship）；我们看到的只是结果，但是决定事物存在的最大因素是原因。也就是平常人往往只看到了事物的“实像”一面，而看不到“虚像”的一面。其实世间的各种事物，实像的一面确实往往只是表面的那么一点点，现象背后的原因才是多得不得了。佛家的这种分析结果和成因的思路接近古希腊哲学家的分析路径。这是一种某物的进入导致另外一物的产生/出现/存在的思路，就是先有 A 再有 B 的公式；A 是 B 的原因，B 是 A 的结果。我们称为因果关系。因果关系显然是认识论的一个基本范畴。这显然是理性分析范畴。从另外一个方面来看，佛学理论是从分析人的感官功能进入到分析人的意识产生的各种原因。从而发现人对事物认识的凭借是感官意识和概念性认识，这两种方法都是有很大缺陷的，导致了对事物认识的片面性。

按照佛家的认识，整个世界是连成一体的，因果关系不仅是一对一的关系，而是成网状结构的，整个世界是一个因果关系的大网，相当于中国人讲的“天网恢恢”。这种整体性的世界观同道家的很接近，这两家都反对单纯分析的方法。古希腊的方法是不断分析，追求发现基质的方法；现代物理学寻找更小的粒子就是这个传统的现代接续。佛道两家都共同反对这种将部分从整体分割开的方法，他们认为不管怎么分，部分同整体的关系无法割断，联系是割不断的。佛道两家都持有整体性的世界观。在西方传统中，基督教、犹太教和伊斯兰教持有的也是整体性的世界观。柏拉图、康德、海德格尔和斯特劳斯这样的思想家也持有整体性观念。不过，西方持有整体性观念的思想派别大多持有一种“进步”的线性发展观，事物的发展具有方向性，由低级向高级转换。而佛道两家不采用线性发展的观念。

同佛家的因果关系不同，道家认为世界万物产生和存在的基本因素是

“道”，也就是处于互动关系中的阴/阳。因果关系的图示是线性的，阴/阳互动的图示是圆形的。这两家的思想还有一个特点，就是无论因果关系和阴/阳互动关系，都是互相包括的，两种共同存在。两者思想最大的共同点是变化观念和整体性认识架构。

佛道两家都讲事物都在不断地变化，在人的不知不觉之中事物就变化了。这个变化观念是强有力的，无法用经验事实反驳的。两家都讲“万变不离其宗”，就是具体的变化是无时无刻不在进行的。按照佛家的观点，变化是事物内部的因果关系在不断改变，导致事物的驻坏成空。按照道家的看法，事物内部存在的阴/阳互动之力驱动着事物变化发展。事物内部要么是因果关系，要么是阴阳互动，这两种关系是大小相连的，即小的、具体的因果和阴阳关系大的、一般的因果与阴阳关系相连。这就是佛家的小宇宙和大宇宙的关系，道家的“大道”和“德”的关系。

佛家用悲悯的眼光和情怀来看待人世，这是因为佛家将世界看为一体，其中动物是一体的“有情”，动物和人的差别仅在于外形不同而已。

道家也是将世界看为一体，其中“道”的力量在推动一切。这两家共有的整体性观念显示出两家的和平性格，宽大无比的胸怀，不分彼此，自然就不讲竞争和占有，也就少了冲突。

西方人好冲突，看来同他们的视野相对狭窄有很大的关系；任何事物都是线性发展，因果关系明确，不是对就是错。道家喜欢圆圈图形，是因为圆圈是个过程，是个返本的过程。一年四季的变化，是个过程；一个人从小到大，也是个过程；一天 24 小时，同样是个过程。所以可以说道家思想反映出背后一种根本的农人认识架构。世间万物在不停地变化，所谓的“生生不息”，方生方死，小圆圈，中圆圈，大圆圈，都在转动。就自然宇宙方面来说，小圆圈同大圆圈是相通相连的。（这同印度观念又一样了）

道家将事物的变化看作一个过程，一个从小到大的最后到衰弱消亡的过程，这是一种成长的观念。这种观念给人一个印象是道家喜欢从反面看问题。在两种力量存在的时候，他们好像注重弱小的一方、软性的一方，比如水、婴儿、女性，等等。我们常人看事情多半看那显著的、强大的、体积大的、气势大的一方，道家却反过来，去注意那小的一方。这是为什么呢？这种特别的思想方法，来自于“反者道之动”。就是说，只要道一运动，必然是呈圆形运动，由弱到强，然后再从强到弱，返回其根。如同俗话说的“人穷返本”。这个圆形运动，事物都向其相反方向转化，是绝对的、不变的。

佛道两家的思想表达方式各有不同。佛家主要使用分析方式，道家多半使用隐喻方式。佛家以精细入微的逻辑分析方式让人折服，道家则以生动的形象喻指出生活中反复显现的哲理打动人心。佛家自然也使用隐喻，道家同样也内含逻辑。两者的表达方式都极为有力，能够极大地撼动人心，为习惯于常知常见的人们打开一扇景象开阔的窗户，让人突然有耳目一新的感觉。

两家的思想起源不同，道家来源于快乐满足的农人生活和态度；佛家的思想根源，来自古印度宗教的逃世态度。这样的态度，又源自印度炎热的气候，逼使人住到森林中，躲避炎热。为了克服炎热带来的烦躁，采用收摄心神的办法来控制自己的欲念。

两个哲学认识框架，都强调“智慧”和主体的主观能动性，都注重思考，都要求主体反省审查，都是富有智慧的哲学。

两家在认识路径上的不同之处是佛家注重冥思苦想，甚至用苦行的办法来提升思想的纯度。道家则是从平常事物中观察道，从自然现象中发现道，以自然为师，为判断事物的准绳。

四、学生评论

中国古典文学作品中的儒家道德教化

斯塔西·洛克　Stacy Roque（2013 年春季）

在古代中国，文学的目的不是讲出一个精彩有趣的故事，而是讲述一个有着伦理意义的故事。中国古典文学的目的是讲一个背后藏着意义的故事，每一个故事都带有一个教育意义。中国文学中共同欣赏的观念为每个中国人形成了一定的生活方式。阅读中国文学的时候，也同样很清楚，故事线索的构成方式也不同于西方的创作方式。西方故事建立在主角之上，无论主角是个英雄，还是一个坏蛋。中国文学故事里当然也有各种角色，但不是一个独行侠客似的英雄，一个独立的个体。没有一个人被描写为故事里的重要因素，但故事背后隐藏的伦理教育才给故事本身提供了重要性。

在这门课中介绍早期诗歌的章节中，富有正义感的普通人的想法和故事比比皆是，而且代代相传。很清楚，中国文学中所传播的不仅仅是个故事，而是历史上的某一时段，某一种生活方式。故事的聚焦点在一个群体性文化中人与人的关系上，还有自然和生活的联系上。这种类型的文学是伦理教育的某种形式。在任何一个普通人能写作之前，他依靠民间故事来传播思想和知识。民间故事出现得很早，早过孔夫子的时代。

由于社会所定的标准的限制，所能写的、保存下来的和进入史册的东西有限，很多民间故事无法获得承认进入当时的文学殿堂。尽管如此，保留下来的作品的社会影响力仍然很明显。古代作品中的那些观念在传播中获得了加强，即使在今天的生活中仍然影响着人们的行为。中国文化里的古代伦理教育将会永远被人们接受。这些古代伦理里所含有的道德价值观和其力量在今天的中国社会仍然有着巨大的影响力。

在每一本书和故事中，都含有一个伦理观念让人从字里行间去领会，这需要我这样的另外一个文化的读者进行分析性思考才能发现。美国人烂熟于故事中的教诲不超过生活常识这种常规写法。读一个中国的文学作品，就会发现意义之后还有意义，两种文学之间的差别实在是太明显了。

当然，每一件文学艺术作品都有其内在含义，能够被不同的读者按其理解来诠释。但是，中国文学在中国这片土地上和人民中起着一种普通法所起的作用（普通法属于英美法系，即习惯法，由社会生活方式形成——译者注）。中国的文学不仅仅创作出来娱乐人的，如同西方文化和文学那样。在中国文化里，文学是共享价值观，是提供伦理教育的工具。

在传播儒家思想和道家哲学的方式里，当故事代代相传的时候，普通人或者是一些寓意丰富的动物的故事扮演了塑造人们心灵和行为的作用。不难发现个人生活和历史上长生的文学作品之间的关联。在古代中国，个人行为和社会行为都普遍建立在文学之上。

阅读列子的《愚公移山》，故事讲的是一个老人有一天突发奇想，决定搬走挡住了山谷里道路的两座大山。故事的标题一开始就会在读者脑子里产生一个问题：一个人怎能搬山呢？故事接着讲有些人对老人说在他这样的高龄做这样的事情如何荒谬。但是不管谁来批评，老人继续做自己的事情。甚至当老人的妻子来阻止他的时候老人也不听。老人搬山的理由竟然是来自未来的力量，他的后代。在这么一个很短的故事里，竟有着如此多的教育的观念，这些观念对人们的日常生活又有着如此巨大的影响力。

尽管老人年老体衰，不再拥有壮年时的体力，但这个事实并未影响老人找到移动大山的力量和勇气；前瞻性的眼光、坚定不移、毫不理会他人的怀疑和批评，显示了中国人所看重的巨大的行动理想。因为老人不放弃移山的努力，其他人最后也加入了他的工作。这证明了努力工作会有报酬，而且还能团结他人。

在《诗经》里，我们读到好几首看上去不过是日常生活中的寻常经验，但实际上每一首都内含深意，而且这些内涵都各自以独特的方式表达了出来。每一首诗歌都有自身的语气、自身的诠释、自身的感情和自身的意义。日常生活都可以用诗歌的形式来记录，这样最简单最普通的事情都变得不一般，富有意义。读者必须读进作品里去，获得超出字面含义的理解，把握作品的真正意义，了解其中要学习和实践的伦理价值。

《诗经》里的一首诗“谁谓河广？——苇杭之。”（《卫风·河广》）以优美简洁的形式讲述一条河边发生的故事。其实故事的教诲意义是河流的宽窄取决于个人的决心和勇气。说那河流宽，其实是说话人自身信心不足，他是在为自己寻找不行动的借口。我们也可以将这首诗解释为对于为自己找借口的人都是生活里的残兵败将。多么奇妙，一个爱情和承诺的故事居然在一条河流的故事里被发现了。

中国文学不同于纽约城里百老汇的话剧。是的，文学的形式在故事的发展中形成自身的含义，读者确实应当细心揣摩并且以明确的语言形式表达出来。不过中国文学大多数都包含着超出字面的隐藏的教育信息。中国文学长于将历史的、道德的、生活方式的、生活当中细枝末节的观察结合在一起，总是力图传递给读者一个什么观念。

第九章　美国学生心中的中国古典文学

一、汉乐府

陌上桑

日出东南隅，照我秦氏楼。秦氏有好女，自名为罗敷。罗敷喜蚕桑，采桑城南隅。青丝为笼系，桂枝为笼钩。头上倭堕髻，耳中明月珠。缃绮为下裙，紫绮为上襦。行者见罗敷，下担捋髭须。少年见罗敷，脱帽著帩头。耕者忘其犁，锄者忘其锄。来归相怨怒，但坐观罗敷。

使君从南来，五马立踟蹰。使君遣吏往，问是谁家姝？“秦氏有好女，自名为罗敷。”“罗敷年几何？”“二十尚不足，十五颇有余”。使君谢罗敷：“宁可共载不？”罗敷前致辞：“使君一何愚！使君自有妇，罗敷自有夫！”

“东方千余骑，夫婿居上头。何用识夫婿？白马从骊驹，青丝系马尾，黄金络马头；腰中鹿卢剑，可值千万余。十五府小吏，二十朝大夫，三十侍中郎，四十专城居。为人洁白晰，鬑鬑颇有须。盈盈公府步，冉冉府中趋。坐中数千人，皆言夫婿殊。”

米歇尔·米卡列夫斯基　Michelle Mikhalevsky（2013 年春季）

这篇诗歌讲的是忠贞的爱情。罗敷拒绝一个官员的挑逗因她坚信自己和丈夫之间的深爱。罗敷是位美丽的女子，很多人被她的美貌所倾倒。但是罗敷除了自己的丈夫之外，对任何男人都不动心。这个作品的主题是美貌会影响所有的人，但对感情的忠贞将永远是一个人能作出的选择。

萨伊德·塔基姆　Syed Tazim（2013 年春季）

罗敷的美貌吸引众人但她也极聪明，能够保护自己。她能言善辩，也会将自己打扮得很美丽。她用夸赞自己丈夫的方法，将一个无礼的军官说得哑口无言。这首叙事诗显示了一个妇女在美丽之外，还需要拥有勇气。罗敷这个人物体现了一个妇女外形和内在的完美结合。

卡伦·古拉姆　Karren Guillaume（2013 年春季）

一位妇女，只要能坚持自己信仰的道德标准，说话咄咄逼人也没有什么不对的。罗敷知道和一个已婚男人缠绵是不对的。

二、魏　晋

归去来兮辞

陶渊明

归去来兮，田园将芜胡不归？既自以心为形役，奚惆怅而独悲？悟已往之不谏，知来者之可追。实迷途其未远，觉今是而昨非。舟遥遥以轻飏，风飘飘而吹衣。问征夫以前路，恨晨光之熹微。

已矣乎！寓形宇内复几时？曷不委心任去留？胡为乎遑遑欲何之？富贵非吾愿，帝乡不可期。怀良辰以孤往，或植杖而耘耔。登东皋以舒啸，临清流而赋诗。聊乘化以归尽，乐夫天命复奚疑！

萨伊德·塔基姆　Syed Tazim（2013 年春季）

俭朴的生活是很让人很享受的，这样的生活使人接近自然。在自然中，所有的事物都相通相连，人的生活也同自然紧密相连。我们向自然学习很多，我们的生活也与自然相关。我们能用从自然学习到的知识使我们成功。真正的道理在自然之中。我们需要将充满物质的世界抛诸脑后，过更接近自然的生活。

查纳亚·古德曼 Chananya Goldman（2010 年春季）

活在当下，过一种简单的、不被不必要的物质所累的生活。我们应当随心所欲，做自己想做、感到快乐的事情。作者表达了即使穷困一生也要隐居的愿望。他不愿意仅仅由于为获得经济上的保障而去工作奔忙，他厌恶这样做。他当官的经历让他产生了这个决心。这种态度代表了道家的立场。

这首诗，如同其他许多反映道家思想的诗一样，肯定简朴的生活。但不像一些有道家思想倾向的诗歌，将自然过于浪漫化，远离现实生活。这首诗的作者尊重现实，他承认隐士的生活是不容易的；他必须忍受贫穷生活，还得承担养家糊口的责任。尽管如此，诗人最终选择忍受艰苦的生活而不愿违反自己的本心痛苦地活着。

三、唐 诗

月下独酌

李 白

花间一壶酒，独酌无相亲。
举杯邀明月，对影成三人。
月既不解饮，影徒随我身。
暂伴月将影，行乐须及春。
我歌月徘徊，我舞影零乱。
醒时同交欢，醉后各分散。
永结无情游，相期邈云汉。

Drinking along with the Moon

From a pot of wine among the flowers
I drank alone. There was no one with me —
Till, raising my cup, I asked the bright moon
To bring me my shadow and make us three.
Alas, the moon was unable to drink
And my shadow tagged me vacantly;

But still for a while I had these friends
To cheer me through the end of spring...
I sang. The moon encouraged me.
I danced. My shadow tumbled after.
As long as I knew, we were boon companions.
And then I was drunk, and we lost one another.
... Shall goodwill ever be secure?
I watch the long road of the River of Stars.

(translated by Witter Bynner)

索勒姆·莫雷斯 Sholem Morris (2010年春季)

这首诗讲的是李白和“月亮”喝酒。当然，李白有着生动的想象力。他在夜里喝酒，觉得孤独，很想有人陪伴。李白在这首诗中描写了他同自然一体的场面。他发现他能从自然获得与人相处时的同样的快乐。摆脱了人间世界的种种困扰之后，他能充分享受自然的美。

春望

杜甫

国破山河在，城春草木深。
感时花溅泪，恨别鸟惊心。
烽火连三月，家书抵万金。
白头搔更短，浑欲不胜簪。

A Spring View

Though the country sundered, hills and rivers endure;
And spring comes green again to trees and grasses
Where petals have been shed like tears
And lonely birds have sung their grief.
... After the war-fires of three months,
One message from home is worth a ton of gold.
... I stroke my white hair. It has grown too thin

To hold the hairpins any more.

(translated by Witter Bynner)

艾尔维斯·阿拉西纳　Elvis Aracena（2011 年秋季）

这首诗以直接和间接的表现手法显示了战时的痛苦、困难和绝望。对战争惨象的生动描述配上把花和鸟拟人化的写法。后转向第一人称的角度来描述战争给个人带来的精神和实际的伤害。诗中的杜甫很忧伤，为国为家悲情满怀。无休止的战争造成遍地伤痕累累，连花朵也会哭泣，是暗喻诗人自己为战争造成的破坏而哭泣。他也使用形象生动的词语来描述他自己的生存状况。杜甫代表了儒家理想。尽管自然是美丽的（如同道家），对人间世界的关怀更为重要。人类的悲惨境遇不能靠归隐山林就视而不见。这就是作者为何甚至让自然为人类受难哭泣。

鹿　柴

王维

空山不见人，但闻人语响。
返景入深林，复照青苔上。

Dear Fence

An empty hill, and no one in sight
But I hear the echo of voices.
The slanting sun at evening penetrates the deep woods
And shines reflected on the blue lichens.

(translated by Soame Jenyns)

布莱恩·奈特　Brian Knight（2009 年秋季）

王维的《鹿柴》是一篇特殊的作品，其语言简洁，视觉形象清晰明快，富有吸引力。不同的读者会从自己的视野，读出不同的内涵。这首字面简短的诗鼓励人们读出自己的理解，由于字数少，字面意思也不复杂，使读者容易做到这一点。从字数经济和直白风格来看，接近儒家的文体风格，不过形成的视觉形象和感觉却是佛家的。《鹿柴》是一首有神秘意味的诗。王维巧妙使用语言唤起一种深深的寂静之感。午后日光透过“幽暗森林”中层层树叶的意象生动可感。无人空山中的孤寂隔绝被充分表达出来了，使读者感到似乎他们也置身其中，自问是否真正听到了“人语的回声”。他以这种方式来展示他感受到的孤独程度。使用“回声”的方法产生很好的效果，短短几个字就显示了作者感受到的那种空虚。

萨伊德·塔基姆 Syed Tazim（2013年春季）

生活是一个圆圈，我们所有的人都按圆形生活。生活中，人人都集中在成功这个目标之上，但我们都没有去思考在获得成功之后，我们该做些什么。我们总是向上看，从来不回头看。但是我们不可能逃离圆形运动的轨迹生活，如果不意识到这一点，地球不过一片空虚。人类应当懂得世界的“空性”并且以此为生活的依据。

卡伦·古拉姆 Karren Guillaume（2013年春季）

世界有空性。我们不能被我们所见的一切欺骗。有的时候我们认为，某些事物存在但实际上并不存在。对这个世界上发生的一切事情都要仔细对待，人就不会坠入昏乱了。

王维的《鹿柴》和李白的《月下独酌》非常具有道家的意味，它们都描述了同自然一体的思想。李白只需要酒的帮助就可以从自然获得和人做伴的时候可以得到的欢乐。杜甫的《春望》则是一首充满儒家社会关怀的诗作，自然是伟大的，但是人的福祉更为重要。杜甫在这首诗中讲自然看作是永恒的，人类的苦难却是眼前现实的，需要更多的关照。

朱莉安·费南德兹 Julianne Fernandez（2012年春季）

《鹿柴》和《月下独酌》让我想起了19世纪西方文学中的超验主义运动。美国的超验主义者亨利·索罗，在他的《华尔登湖》描述了在自然旷野里的简朴生活，没有政府的干预。可以看得出，亨利·索罗一定受到了道家思想的影响。这些诗作集中表现了唐代道家和儒家的主要思想倾向，同时这些诗中也富有智慧和哲理。我非常喜欢这几首诗。

枫桥夜泊

张继

月落乌啼霜满天，江枫渔火对愁眠。
姑苏城外寒山寺，夜半钟声到客船。

Moon setting, crows cawing, frost filling the sky,
through river maples, fishermen's flares confront my uneasy eyes.

Outside Gush City, Cold Mountain Temple —
Late at night the sound of its bell reaches a traveller's boat.
(translated by Kenneth Rexyolh)

安娜·戈瑞克　Anna Gerich (2011 年秋季)

张继的《枫桥夜泊》描写了一个疲乏、孤独、难于入眠的游人夜晚待在江边小船的心境和对周围环境的感受。作者将一系列美丽的元素放到一起创造出一个世界。他使用月亮、乌鸦、霜、夜空、河流、枫树和渔火这些意象。没有了这些意象，就失去了这个读者可以存身其间的世界。这就是创作。

杜甫的《春望》描述了战争时期一个城市的情形。这首诗富有儒家的济世情怀，战争的残酷和对战争毁坏的忧伤。这首诗用白描被战争毁坏的城市的开头，渲染了沉重的气氛。

两首选诗都是极有代表性的唐诗。这些诗，围绕着主题，以简短、清晰和有力的形象描写创造了一个个意味深远的意境。在一些诗中，是月亮的意象，在其他诗中，是树，或者花。作者运用这些意象最终创造了一种情绪，一个意境。作者正是想他的读者在脑海中重现这些意象以产生同样的情绪和达到同样的意境。

将进酒

李白

君不见，黄河之水天上来，奔流到海不复回！
君不见，高堂明镜悲白发，朝如青丝暮成雪！
人生得意须尽欢，莫使金樽空对月。
天生我材必有用，千金散尽还复来。
烹羊宰牛且为乐，会须一饮三百杯。
岑夫子，丹丘生，将进酒，杯莫停。
与君歌一曲，请君为我侧耳听。
钟鼓馔玉不足贵，但愿长醉不复醒。
古来圣贤皆寂寞，惟有饮者留其名。
陈王昔时宴平乐，斗酒十千恣欢谑。
主人何为言少钱，径须沽取对君酌。
五花马，千金裘，呼儿将出换美酒，
与尔同销万古愁。

Bringing In The Wine

See how the Yellow River's waters move out of heaven.
Entering the ocean, never to return.
See how lovely locks in bright mirrors in high chambers,
Though silken-black at morning, have changed by night to snow.
... Oh, let a man of spirit venture where he pleases
And never tip his golden cup empty toward the moon!
Since heaven gave the talent, let it be employed!
Spin a thousand pieces of silver, all of them come back!
Cook a sheep, kill a cow, whet the appetite,
And make me, of three hundred bowls, one long drink!
... To the old master, Cen,
And the young scholar, Danqiu,
Bring in the wine!
Let your cups never rest!
Let me sing you a song!
Let your ears attend!
What are bell and drum, rare dishes and treasure?
Let me be forever drunk and never come to reason!
Sober men of olden days and sages are forgotten,
And only the great drinkers are famous for all time.
... Prince Chen paid at a banquet in the Palace of Perfection
Ten thousand coins for a cask of wine, with many a laugh and quip.
Why say, my host, that your money is gone?
Go and buy wine and we'll drink it together!
My flower-dappled horse,
My furs worth a thousand,
Hand them to the boy to exchange for good wine,
And we'll drown away the woes of ten thousand generations!

(translated by Witter Bynner)

赛思·魏斯　Seth Weiss（2013 年春季）

李白的这首诗讲的是发挥自己所能，尽量享受生活。这首诗讲要抓住时间，享受生活能够提供的所有美好的事物。此外，诗人在诗中鼓舞人们发挥自己天生的才能。就是说，我们每个人生来就有一定的才华，如果我们没有利用这些与生俱来的才能来探索和享受生命给予的美好事物，那就太不值了。

萨伊德·塔基姆　Syed Tazim（2013 年春季）

充分享受生活。人生短促，我们的时间很少，因此当我们有机会享受的时候就要珍惜生活，享受那一刻。每个人身上都有才能，每个人都应该发挥自己的才能。人生苦短，能享受的事物也不是很多，因为我们总是在忙着做什么事情。因此，我们确实要在自己所能的范围内享受生活，比如一个小小的聚会，和朋友小聚，能够给我们带来能量，振作精神，重新回到生活中。

卡伦·古拉姆　Karren Guillaume（2013 年春季）

诗人想喝点酒来让他在生活中有点快乐，即使只是短暂的一刻，这样他能恢复一些力量来对付生活现实，他很想和家人在一起，同时他也照样能喝酒写诗歌。

四、宋　词

水调歌头

苏轼

明月几时有？把酒问青天。不知天上宫阙，今夕是何年。我欲乘风归去，又恐琼楼玉宇，高处不胜寒。起舞弄清影，何似在人间？

转朱阁，低绮户，照无眠。不应有恨，何事长向别时圆？人有悲欢离合，月有阴晴圆缺，此事古难全。但愿人长久，千里共婵娟。

How long will the bright moon appear?
Wine-cup in hand, I ask the sky.
I do not know what time of year it would be tonight in the palace on high.

Riding the wind, there I would fly.
Yet I fear the crystal palace would be fat too high and cold for me.
I rise and dance, with my shadow I play.
On high as on earth, would it be as gay?
The moon goes round the mansion red through gauze —
draped windows soft to shed her light upon the sleepless bed.
Against man she should have no spite.
Why then when people part is she oft full and bright?
Men have sorrow and joy, they part or meet again;
The moon may be bright or dim, she may wax or wane.
There has been nothing perfect since the olden days.
So let us wish that man will live long as he can!
Though miles apart, we'll share the beauty she displays.

(translated by Xu Yuanchong)

赛思·魏斯 Seth Weiss (2013年春季)

苏轼的这首词对我来说，是关于家人远隔两地的思念之情的。人生的起伏，事情总是不随人愿。有的时候，我们失败了，找不到人生的方向；或者，怀念着亲爱的人但又不能相见。在思念远方的人时候，月亮高悬，这个时候被距离所阻隔的人，不管他们相互离开多远，看到的是同一个月亮。只有明月的美丽能够将远方的亲人连接到一起。

米歇尔·米卡列夫斯基 Michelle Mikhalevsky (2013年春季)

这首词讲的是生活的苦难，比如悲愁，与亲人分离，前途暗淡，等等。苏轼强调人生不如意的事情经常发生，特别是亲人分离。即便诗人提到不少令人伤怀的事，但人生仍然有希望。在这首不长的诗歌里，作者提升了月亮美丽的形象。这说明即使是在悲伤无望的时光，我们不能同亲人在一起，我们身处天涯，但是仍然注视这个同一个月亮，这给我们带来了些许的安慰。

萨伊德·塔基姆 Syed Tazim (2013年春季)

同亲人分离，令人悲伤；人间有情，亲人应长相守。但是，生活常使人与亲人分离。月亮就成为让异地分居的亲人的感情相连的物体。在任何文化中，月亮的意象都具有重要的含义。特别是在东方文化中，当一个人同亲人分离的时候，月亮成为唯一的伙伴。月亮也带来了对过去的记忆和想象。月光普照的夜晚也让分离的亲人们如同回到了过去团聚的时光。

声声慢

李清照

Searching, seeking,	寻寻
Seeking, searching:	觅觅，
What comes of it but	
Coldness and desolation,	冷冷清清，
A world of dreariness and misery	
And stabbing pain!	凄凄惨惨戚戚，
As soon as one feels a bit of warmth	
A sense of chill returns:	乍暖还寒时候，
A time so hard to have a quiet rest.	最难将息，
What avail two or three cups of tasteless wine	三杯两盏淡酒，
Against a violent evening wind?	怎敌他晚来风急。
Wild geese wing past at this of all hours,	雁过也，正伤心，
And it suddenly dawns on me	
That I've met them before.	却是旧时相识。
Golden chrysanthemums in drifts —	满地黄花堆积，
How I'd have loved to pick them,	憔悴损。
But now, for whom? On the ground they lie strewn,	如今有谁堪摘?
Faded, neglected.	
There's nothing for it but to stay at the window,	守着窗儿，
Motionless, alone.	独自怎生得黑。
How the day drags before dust descends!	梧桐更兼细雨，
Fine rain falling on the leaves of parasol-tress —	到黄昏，
Drip, drip, drop, drop, in the deepening twilight.	点点滴滴，
To convey all the melancholy feelings	
Born of these scenes	这次第，

Can the one word "sorrow" suffice?[①]

怎一个愁字了得？

(translated by Jiaosheng Wang)

赛思·魏斯 Seth Weiss (2013年春季)

这首词是一个失掉了丈夫的女诗人写的。诗人怀念逝去的丈夫，悲痛如此之深。丈夫去世后，什么都变了；在诗人眼中，没有什么仍然保持原样，甚至连花都不能给诗人带来快乐。"忧愁"这个词无法表达她心中的伤痛，因为她内心感到如此的空虚。熟悉的生活离去了。她从里到外都是悲伤。

米歇尔·米卡列夫斯基 Michelle Mikhalevsky (2013年春季)

在自然之中，经常可以发现悲伤的意象，比如掉落的花瓣、散落的菊花。冬天即将来临，诗人将这些自然意象引用到诗中。自然界中含有悲伤意味的意象，诗人艺术家将其与我们的感情结合，生动地呈现出来，就令人感到如此真切。这首词的内容显示，女词人似乎在心中经历了感情的翻江倒海。

萨伊德·塔基姆 Syed Tazim (2013年春季)

同亲爱的人永久分离，痛苦的思念是让人心碎的感情。眼前所有的事物都变得毫无用处，毫无价值。当我们不能和亲人在一起的时候，生活变得无趣，以前喜欢的事物变得无聊。悲伤和孤独是非常消极的感情，有的时候生活对我们如此无情，我们曾经喜爱的所有的事情这时候都失掉了价值。

丽莎·查尔斯 Lisa Charles (2010年秋季)

李清照的《声声慢》这首词运用景物刻画写出她遭受的战争伤痛。失去了丈夫、家园和财产，国破家亡，老无所依，只剩孤身一人，面对旧时景物，创造了一个悲伤的氛围，真实异常地传达了诗人的痛苦心情。我觉得这首诗能够唤起遭受过战争创伤的共鸣。就在今天，很多人在阿富汗同样经受着这首诗里刻画的痛苦和忧伤。同样主题的诗作在不同的国家的文学都能找到，因为人民受苦，诗歌成为表达感情的好渠道。

与唐诗不同，宋词是长长短短的诗句，按照一定的组合形式组合在一首诗中，比如三字、四字和五字一句。虽然我的诗歌知识极其浅陋，但我感到李清照的《声声慢》是如此接近西方现代诗的风格以至于会被人们认为是过去100年里的美国诗人所作。

---

① Victor H. Mair: The Shorter Columbia Anthology of Traditional Chinese Literature, New York: Columbia University Press, 2000, pp. 167–168.

五、散　文

醉翁亭记

欧阳修

环滁皆山也。其西南诸峰，林壑尤美，望之蔚然而深秀者，琅琊也。山行六七里，渐闻水声潺潺而泻出于两峰之间者，酿泉也。峰回路转，有亭翼然临于泉上者，醉翁亭也。作亭者谁？山之僧智仙也。名之者谁？太守自谓也。太守与客来饮于此，饮少辄醉，而年又最高，故自号曰醉翁也。醉翁之意不在酒，在乎山水之间也。山水之乐，得之心而寓之酒也。

…………

已而夕阳在山，人影散乱，太守归而宾客从也。树林阴翳，鸣声上下，游人去而禽鸟乐也。然而禽鸟知山林之乐，而不知人之乐；人知从太守游而乐，而不知太守之乐其乐也。醉能同其乐，醒能述以文者，太守也。太守谓谁？庐陵欧阳修也。

依曼·亚赫雅　Iman Yahia（2011 年秋季）

《醉翁亭记》描述了作者欧阳修的三重快乐。第一是他从身处自然之中，观察自然获得极大的乐趣；他也从宴乐中的人的交往，吃到天然野味中获得快乐；最后，除了上述的两重快乐之外，他还从事后的写作中得到了另外一层满足，也就是说，他在写作的时候能够在心中重新回味美好的记忆。这篇文章很有趣，既尊崇了道家（自然的美好），也向儒家致礼（人和谐相处的快乐），最后，还向写作表达了敬意。

人们常常忽视了一点，艺术给正在创造艺术的艺术家带来一种实际的功用：可能是智力上的发展，也可能是自我的心理治疗修复。《醉翁亭记》不仅仅是一篇艺术杰作，也是作者自我疗伤之作。

麦克尔·弗里德曼　Michael Friedman（2012 年春季）

《醉翁亭记》讲述了一个人接近河流、森林和山峦的故事。作者在文中使用不少篇幅描写大自然的美景。实际上，作者自称为“醉翁”，同酒精毫无关系，而是同自然美景有关。这篇散文也含有儒家的思想。这位老者是一位对人友好、和平安宁、容易接近、能够享受自然美景的人。

这篇文章使我想起每年到山间林中度假屋里度过的时光。那里的物质条件可以说是原始的，没有电话，没有电视，甚至没有收音机。但这些都没有什么，那里的美景和新鲜空气完全能够取代现代高科技带来的享受。

六、学生评论

对自身生命价值的肯定

布莱恩·奈特 Brian Knight（2009年秋季）

《归去来兮辞》是陶潜的自我反省和忠实于自我的表达，是对生命重要价值的肯定，是作者对人生的一个重要认识：如何获得一个身心平衡的生活存在方式。作者充分地认识到要在生活中获得进步，必须作出牺牲，甚至是作出于有违于符合世俗标准的抉择。面对他的是过一种贫穷的生活。

但是，需要获得内心的真正的满足，人生中最重要的价值，取代了物质世界的诱惑："既自以心为形役，奚惆怅而独悲。"作者通过自我反省，在对过去生活方式的检讨中获得了精神的提升。"悟已往之不谏，知来者之可追。"同时，陶潜指出了生活方式的变化内含的希望："实迷途其未远，觉今是而昨非。"这首辞赋的基调是乐观的，语言是简洁朴实的，读者很容易就同作者的身世相联系起来。

这首辞的韵律节奏如同一首抒情诗，听起来如同一首歌词：

"舟遥遥以轻飏，风飘飘而吹衣。问征夫以前路，恨晨光之熹微。乃瞻衡宇，载欣载奔。"

这首辞的创作手法从风格，结构到语言都是自由，随意为之的道家思想感情，似乎是对世俗观念和生活方式的反叛，转向对自然和隐居生活的礼赞。

将陶渊明对自然的热爱与英国作家托尔金的《霍比特人》进行比较，两者字句何其神似：

"脚下道路不断前伸，头上是云彩和群星，
长途跋涉的双脚，最后终于转向了回家的路途，
多么想念家乡绿色的草地，还有那熟悉的树木和山峦。"

比较《归去来兮辞》中的片断：

> “策扶老以流憩，时矫首而遐观。
> 云无心以出岫，鸟倦飞而知还。
> 景翳翳以将入，抚孤松而盘桓。
> 归去来兮，请息交以绝游。”

这两首诗中的相似度是无法否认的。

李清照的《减字木兰花》和《声声慢》

布莱恩·奈特　Brian Knight（2009年秋季）

《减字木兰花》这首诗是个现实派诗人用心创造平衡的典型例子。诗的基调是浪漫的，语言含有玩笑意味但又不过于明显直白或富有挑逗含义。诗的感情被一点矜持所缓和。这样的写法，既表达了十分私密的场面和感情，但又不排斥他人欣赏，传达了欢迎欣赏的姿态和一种美学趣味。在诗的开头，作者写道：“买得一枝春欲燃，泪染轻匀，尤带丹霞晓露痕。”这样的语言色彩丰富，但柔和细致。作者将自己的形象刻画成典型的中国仕女，毫无矫揉造作，只想让自己的爱人喜爱自己的容颜。李清照似乎自疑“奴面不如花面好”，但是顽皮地将自己的美丽同鲜花相较，挑逗自己的爱人来决定谁更漂亮。这首诗歌充满细腻感情，却风格轻快明朗，富有青春气息。

《声声慢》这首诗同感情上有所克制的《减字木兰花》相比，形成了巨大的感情表达反差。在这里，诗人毫无克制地展示她的感情激荡和悲伤，完全倾倒她的感情。她丝毫不遮掩那压倒人的巨大忧伤的感情喷发。这首诗歌的节奏如此独特，创造出一种紧迫感和绝望感；“寻寻觅觅”（“searching，seeking，seeking，searching”）；“到黄昏，点点滴滴。”（“drip，drip，drop，drop，in the deppening twilight”）。

这首诗的语言是难于置信的悲伤，但又字字真切异常。李清照没有设法遏制自己万分忧伤悲愤的感情之流的倾泻。丧失了人生最重要的一切之后的悲愤伤感之情溢于言表。无论诗人是否有此意图，读者无法不被打动，将自己的感情移入诗中，同李清照的心连在一起，将诗人的痛苦和极度的忧伤当成了自己的。尽管此诗的基调是抒发巨大的哀伤悲痛之情，字里行间却透出一种潜意识的美感，融入作者的绝望和悲痛中去。作者使用了“旅雁”、“随秋风飘零的菊花”、“落到梧桐树叶上的细雨”这些飘逸敏感的意象，混同于作者的极度哀伤，来表达由这些景象引起的忧愁和伤感。这是一首充满深情、毫不为真情流露感到不当、勇敢和诚实的好诗。

一位旷世的艺术家

艾希莉·卡雷 Ashley Carey（2009 年秋季）

李清照诗词反映出她的个人生活。不管任何年代，个人生活经验都是不同类型作者最基本的写作灵感来源。生于中国的伟大诗人李清照就是一位用自己生活经验写出完美诗篇的典型女诗人。婉约派诗人的大师，李清照将自己的生活写成了抒情诗。

李清照和赵明诚结婚后，李的诗歌创作围绕着爱情这个主题，以她的丈夫为主角之一，使用了大量的象征的例子。“见有人来，袜铲金钗溜，和羞走。倚门回首，却把青梅嗅。”那年轻男人就是她未来的丈夫，那诗中的害羞女孩就是她本人。李清照将幽默带入了诗歌中，创造了一个笨拙的女孩，表露出对一个男孩的兴趣但使用假装嗅梅子的动作来掩饰自己的感情。

另外一个例子是在《减字木兰花》中，作者耍了一个小手腕，用问问题的方法来吸引她爱人的注意。“怕郎猜道，奴面不如花面好。云鬓斜簪，徒要教郎比并看。”

李清照有记日记的习惯，她的不少诗歌就是根据日记中记录的内容写成诗歌的。在 1126 年北宋首都开封陷落之后，李的创作主题表现出忧伤和烦恼，愁云满布。

李清照晚年的诗作变得越来越消沉。写于 1135 年的《武陵春》里有“风住尘香花已尽”这样的词语，清楚地写出了作者因失去丈夫在心中造成的不断痛楚。用“空气中残留的香味”来暗喻对丈夫的记忆。她感情上经受的打击如此沉重，以致“日晚倦梳头”，连简单的生活小事也无心做了。

在李清照的诗中，可以看出她从自然中获取深厚的影响。虽然她不直接地描写自然，她使用自然现象来作为情绪的表现手段，比如用树叶、花草、风等形象来形成象征。她使用这些象征物以温柔和充满诗意的方式表达出一种诗歌创作的倾向，即使到了她晚年清苦一人的时候，这仍然是她的诗歌创作的一个范式。

浪漫、富有戏剧性和悲剧意味的诗歌，李清照将永远是中国人眼中的一位突出的、令人喜爱的诗人。甚至从译文之中，李清照的诗作具有世界性，读者能够通过她的诗与她的感情相通。

李清照是一位真正的艺术家，她在自己的艺术收藏中找到了生活的力量。她的激情和才华即使在最困难的年月也使她保持了活下去的力量和勇气。通过生活给她的启示，李清照将其诗作化为她自己独一无二的艺术品。

诗人陆游

安德鲁·朴德柏　Andrew Podber（2011 年秋季）

陆游的《示儿》这首诗歌写在陆游即将辞世之时。

死去元知万事空，但悲不见九州同。
王师北定中原日，家祭无忘告乃翁。

英语译为：
"All turns to dust in my dying eyes,
only hatred is that a unified land is not seen.
When the day of the emperor's troops sweeping the North
comes, you must not forget to tell me before my tombstone."

(translated by Burton Watson)

这首诗措辞沉重，给读者人之将死的沉重心情和对死后之世的担忧。人死之前该做些什么事，我们总是以这样或那样的方式担忧着，要么关于自己的孩子在自己离世之后能否自立，要么人类历史中的什么大事被自己错过。在这首诗中，陆游保持了他希望中国统一的爱国愿望，并且要他的家人到他的墓前告诉国家统一的好消息，因为诗人不想被忘记。

在陆游的另外一首词《卜算子·咏梅》中，诗人也显示了高超的文字技巧和使用暗喻的能力。

卜算子·咏梅
陆游

驿外断桥边，寂寞开无主。
已是黄昏独自愁，更著风和雨。
无意苦争春，一任群芳妒。
零落成泥碾作尘，只有香如故。

"Near the broken bridge outside the fortress,

I am lonely and disoriented.
It is dusk and I am worried alone,
especially when the wind and rain start to blow.
I do not intend to contest for the glory of Spring.
I would rather be alone and envied by other excellent people.
I would fall to become earth and be pressed to dust.
My glory will be same as before."

(translated by Burton Watson)

这首词写的是诗人的浪漫生活，即使是孤独也胜过身处一个不受欢迎的地方。“更著风和雨”这一句可以被理解为心境悲凉，一个人独自面对孤独的处境。他宁愿死去也不愿过一种无生趣的生活。

钗头凤

陆游

红酥手，黄縢酒，满城春色宫墙柳。东风恶，欢情薄，一怀愁绪，几年离索。错、错、错！

春如旧，人空瘦，泪痕红浥鲛绡透。桃花落，闲池阁，山盟虽在，锦书难托。莫、莫、莫！

"Phoenix Hairpin"

"Pink tender hand, yellow-corded wine,
city crammed with spring hues, willow by garden wall:
east winds hateful, the one I loved, cold —
a heart all sadness, parted how many years?
Wrong! Wrong! Wrong!

Spring as always, someone grown needlessly thin,
red tear stains wet the handkerchief, soaking through mermaid gauze.
Peach petals falling, stillness of a pond pavilion:
mountain-firm vows go on forever, but a letter would be useless now.
Don't! Don't! Don't!"

(translated by Burton Watson)

这首词可能算是陆游最为有名的诗作。英文翻译失掉了一些暗喻的手法，这是因为中国诗歌的内涵很难完全地译成英诗。这里的翻译可以说是最好的。这首诗是关于陆游的妻子唐琬。由于陆游母亲不喜欢唐琬，这场婚姻只延续了一年的时间。陆游不得不遵循母命同唐琬离婚。这是因为古代中国有一个被称为“孝顺”的社会习俗，要求儿女尊重父母，顺从父母的意愿。这个习俗来自古代儒家的思想。

陆游在诗中使用的暗喻手法传达给读者他写这首诗时的内心的感受。例如，诗中出现了三个“错、错、错”，第一个“错”是错在两人分开了，第二个“错”是陆游母亲反对他们的婚姻，第三个“错”是陆游本人服从了母亲同唐琬离婚。几乎所有的人在失掉爱情之后的某个时刻会产生同样的感受，对发生的事情追悔莫及。诗人用各种隐喻表达了他破碎的心深深地打动了他的读者。陆游也表达了物是人非，自己无力再让唐琬回到他的身边。

此诗写于一个令人心碎的时刻。1155 年，陆游和唐琬被迫分开之后十年，诗人到有名的江南庭院“沈园”中游玩，和唐琬不期而遇。可能这是命运在冥冥之中安排的见面，在得到唐琬的丈夫同意之后，陆游和唐琬得到了一个短暂的谈话机会。唐琬准备了一席简单的酒菜。当唐琬亲手为陆游倒酒的时候，陆游看到唐琬眼中充满伤心的泪水。陆游心里悲伤难忍，挥笔在沈园的墙上写下了词。唐琬后来读了陆游的诗，也在陆游诗的旁边写下了一首应答的诗。沈园相会之后，唐琬忧思难填，以泪度日，不久就在 29 岁时辞世了。

陆游的诗歌让他成为宋代一位极有影响的爱国和浪漫诗人。陆游很善于在诗中运用隐喻让读者在读他的诗时深切感受到他的情感的波动。在现实中，陆游的生活似乎是一场悲剧。他从来没有同他所爱的女人长久生活在一起，也没有看到中国的统一。但是，陆游给后人留下了一份文化遗产。他不仅会被中国的人记住，也会被全世界的人所记住。

参 考 书 目

[1] Birch, Cyril. Anthology of Chinese Literature: From Early Times to the Fourteenth Century [M]. New York: Grove Press, Inc. 1965.

[2] Chiang Yee. Chinese Calligraphy, An Introduction to Its Aesthetic and Technique [M]. Cambridge: Harvard University Press, Third Edition, 1973.

[3] Chuang Tzu. (translated by Burton Watson). The Complete Works of Chuang Tzu [M]. New York: Columbia University Press, 1968.

[4] Huang, Chichung. The Analects of Confucius [M]. Oxford: Oxford University Press, 1997.

[5] Legge, James. Books of Changes [M]. Changsha: Hunan Publishing House, 1992.

[6] Lao Tzu, Derek Lin. Tao Te Ching: Annotated & Explained [M]. Woodstock: SkyLight Paths Publishing, 2006.

[7] Mair, Victor. The Shorter Columbia Anthology of Traditional Chinese Literature [M]. New York: Columbia University Press, 2000.

[8] The American Heritage Dictionary of the English Language [M]. Boston: Houghton Mifflin Company, 1981.

[9] Waley, Arthur. The Book of Songs: The Ancient Chinese Classic of Poetry [M]. New York: Grove Press, 1996.

[10] Watson, Burton. The Columbia Book of Chinese Poetry-From Early Times to the Thirteenth Century [M]. New York: Columbia University Press, 1984.

[11] Webster's New World Dictionary [M]. New York: The World Publishing Company, 1970.

[12] Zhuangzi (translated by Brook Ziporyn). The Essential Writings: With

Selections from Traditional Commentaries [M]. Indianapolis: Hackett Publishing Company, 2009.
[13] 安乐哲(Roger T. Ames),郝大伟(David L. Hall). 道不远人——比较哲学视域中的老子 [M]. 北京:学苑出版社,2004.
[14] 陈来. 古代宗教与伦——儒家思想的根源 [M]. 北京:三联书店,1996.
[15] 丁秀菊. "修辞立其诚"的语义学诠释 [J]. 周易研究,2007(1).
[16] 傅佩荣. 论语之美 [M]. 长沙:湖南文艺出版社,2012.
[17] 傅佩荣. 国学的天空 [M]. 西安:陕西师范大学出版社,2009.
[18] 傅佩荣. 孟子的智慧 [M]. 北京:中华书局,2009.
[19] 傅佩荣. 说孔孟论人生 [M]. 西安:陕西人民出版社,2007.
[20] 傅佩荣. 细说老子 [M]. 上海:三联书店,2009.
[21] 傅佩荣. 哲学与人生 [M]. 北京:东方出版社,2005.
[22] 傅伟勋. 从西方哲学到禅佛教 [M]. 北京:三联书店,1989.
[23] 高友工. 美典:中国文学论文集 [M]. 北京:三联书店,2008.
[24] 黑格尔. 美学(第二卷) [M]. 朱光潜,译. 北京:商务印书馆,1979.
[25] 黑格尔. 美学(第三卷) [M]. 朱光潜,译. 北京:商务印书馆,1981.
[26] 黄黎星. 易学与中国传统文艺观 [M]. 上海:三联书店,2008.
[27] 蒋凡,李笑野. 天人之思 [M]. 成都:四川人民出版社,2007.
[28] 李承贵. 德性源流——中国传统道德转型研究 [M]. 南昌:江西教育出版社,2004.
[29] 李娓. 易经:传统文化与现代人生 [M]. 北京:中国社会科学出版社,2007.
[30] 理雅各(James Legge). 周易 [M]. 长沙:湖南出版社,1993.
[31] 林语堂. 孔子的智慧 [M]. 北京:群言出版社,2009.
[32] 刘黎明. 中国文学:先秦两汉卷 [M]. 成都:四川人民出版社,2006.

[33] 刘毓庆，李蹊. 诗经上·国风 [M]. 北京：中华书局，2011.
[34] 楼宇烈. 中国的品格 [M]. 北京：当代中国出版社，2007.
[35] 吕叔湘，丁声树. 现代汉语词典 [M]. 北京：商务印书馆，1996.
[36] 南怀谨. 南怀瑾选集（第四卷） [M]. 上海：复旦大学出版社，2000.
[37] 南怀谨. 南怀瑾选集（ 第六卷） [M]. 上海：复旦大学出版社，2003.
[38] 齐思. 孔子妙语 [M]. 天津：百花文艺出版社，2005.
[39] 苏轼文集·六一居士集序 [M]. 北京：中华书局，1986.
[40] 谭德贵. 多维文化视野下的周易 [M]. 济南：齐鲁书社，2005.
[41] 王弼. 周易略例 [M]. 楼宇烈，校释. 北京：中华书局，1980.
[42] 王红，周啸天. 中国文学：先秦两汉卷 [M]. 成都：四川人民出版社，2006.
[43] 王蒙. 老子的帮助 [M]. 北京：华夏出版社，2009.
[44] 王晓毅. 中国文化的清流 [M]. 北京：中国社会科学出版社，1991.
[45] 文史哲. 庄子白话全译 [M]. 上海：立信会计出版社，2012.
[46] 吴兆基. 周易 [M]. 长春：时代文艺出版社，2001.
[47] 徐复观. 中国艺术精神 [M]. 上海：华东师范大学出版社，2001.
[48] 余敦康. 易学今昔 [M]. 桂林：广西师范大学出版社，2005.
[49] 张岱年，方克立. 中国文化概论 [M]. 北京：北京师范大学出版社，2004.
[50] 张节末. 禅宗美学 [M]. 北京：北京大学出版社，2009.
[51] 张乾元. 象外之意：周易意象学与中国书画美学 [M]. 北京：中国书店，2006.
[52] 张善文. 周易与文学 [M]. 福州：福建教育出版社，1997.
[53] 张扮之，沈蘅仲，卢元. 古汉语词典 [M]. 上海：辞书出版社，2002.
[54] 郑家栋. 现代新儒学概论 [M]. 南宁：广西人民出版社，1990.

结 语

在美国大学教书育人多年，我们深切感受到美国大学生对中国文化的兴趣日益浓厚。这从一个侧面反映出美国社会了解中国的愿望在不断增强。这个现象似乎可以概括为几个原因：

中国的影响力越来越大。美国年轻人日益感到他们未来的生活和事业可能会和中国产生更多的联系。随着中国经济过去三十年的快速成长，西方民众日益感到中国正在成长为世界经济的中心，中国产品无处不见，中国因素逐渐渗入普通人日常生活当中。

2008 年由华尔街过度投机引起的全球经济衰退至今，美国和欧洲的经济恢复得很慢，有的国家则停滞不前。以中国为首的新兴经济体的经济增幅超过西方发达国家八倍多，世界财富的重心正在偏向亚洲。世界经济的发展方向显示，将来很多领域的工作都可能来自中国，学习汉语和了解中国文化，能够增加就业的机会。这一认识影响到大学生对个人事业方向的考虑，成为美国学生学习中国语言和文化的一个重要和实际的动力。

中国的各种文化元素逐渐融入西方生活。美国的年轻人注意到中国文化与西方传统明显不同；各种中国事物，如烹饪、武术、中医、艺术和节日庆祝，充满人情味，富有生活的情趣和哲理，对不少美国年轻人产生了强烈的吸引力，促动他们更深入地了解中国文化。

中国优秀传统文化展现了一个新鲜的，与西方文明不同的视野和态度，内涵积极的价值观，鼓励人提升精神和道德修养，增强自身的能力，勇敢面对生活中的困难。美国的年轻人，如同世界各地的同龄人一样，面临许多现代生活造成的精神上的困惑和无助。注重思考的美国青年试图从其他古老文明模式中寻找一些更以人为本的文学和生活方式。

在世界上具有影响力的伟大文明中，中国优秀传统文化独具一格，拥有强大的生命力和人性感召力。中国传统文化内涵着中国人深沉的精神追求。来美国求学的中国学子和华人移民，依靠着中华文化的巨大精神力量，在这片陌生的土地上努力奋斗，取得成功。中国文化的软实力深存于中国人心灵深处自强不息的奋斗精神之中。

改革开放后，中国经济的飞速发展，正是中国文化中深层精神追求中的一个现代展示。相比国势蓬勃向上的中国，西方各国处于守成的状态。美国社会生活各方面的迹象显示，引领世界达一世纪之久的美国，文化创造力逐渐减弱。大量移民带来的各自文化中的优秀因素，成为美国社会发展的重要动力。

放眼世界，各种文明的力量正在全球化的进程中，在沟通和交融中发生着深刻的变化。从长远看，文化的力量在更深的层次上推动经济和社会的发展。西方的有识之士，观察并思考中国的飞速进步。他们认识到中国文明重新崛起展示出其内在的深厚文化精神动力。

天道酬勤，历久弥新的中华优秀文化一定会在世界逐步走向一体的过程中，放射出更为璀璨的光芒，在促进世界的繁荣和和平中发挥难以替代的作用。

全球化的时代是各种文明交汇融合的时代，西方的年青一代接触浸染了优秀的中国传统文化，就能够获得对中国悠久灿烂文明的了解；中国的年轻人学习了西方的历史和文化，就建立了相互沟通交流的基础。

作为在西方大学传播中国文化的教师，我们要继续不断努力，提高自身的学术水平，更加深刻地理解古典作品的丰富内涵，不断进行教学方法的创新和改善；我们要编辑质量更优秀的教材，选取最精萃、最能代表中国文学和哲思的诗词和散文作品，配上最好的译文，忠实地将中国人的宇宙观、社会观、人生观和艺术审美观介绍给西方社会；我们还要努力进一步提高教学效果，除了更准确地诠释古典作品的精义，还要引入高科技的教学手段，以图文并茂，更为直观鲜明的视觉和听觉形象，帮助美国学生更真实地感受古代中国的文化氛围，了解古代中国人的生活场景，从而更准确更深刻地理解中国的古典文学和哲学。

展望未来，路漫漫其修远兮，我们深知自己肩上的分量。随着中华文明的复兴，中国正在对世界文明做出伟大的贡献，我们这些海外游子，怀着报效国家的寸草之心，能以所学对祖国的发展和文化交流尽一己绵薄之力，心中充满无限欣喜之情。